比較政治学

比較政治学

岩崎美紀子

Iwanami
Textbooks

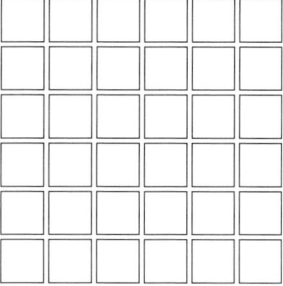

岩波書店

はじめに

　政治とは何であろうか．
　国家の政治だけでなく，国際政治，地方政治もある．小さなコミュニティにおいても，大学でも，企業でも，政治的現象は観察される．概して「政治」という言葉には，清々しい感じがない．清廉潔白は，政治とは相容れない感すらある．「政治的解決」と言われるのは，なぜそのような解決となったのかの説明がつかない解決を総称するのに使われることが多い．本書は「比較」という方法をとることで政治や政策などの説明をいかに明確に行えるかについて書かれたものである．
　まず第1章において，政治学の基本概念として民主主義をとりあげる．民主主義についての研究には多くの蓄積があるが，本書では，民主主義の基調となっているのは何かを探りたい．政治とは社会の秩序を維持するベースとなる拘束力のあるルールをいかに作っていくかであるとするならば，そのようなルールが権力者によって一方的に作られるのか，それともそのルールが適用される社会の成員である人々がルールづくりに参加できるのかは，統治の本質に関わる重要な問題である．権力者から被統治者へ向けての一方主義ではなく，社会の側から統治権力へ向けてのアクセスが確保されることで成立する「双方向性」が民主主義の本質であるとすれば，この「双方向性」の確立だけでなくそのあり方も問われているのである．そのような視点をもちながら，第2章から第4章までの3つの章で，政治制度を説明する．
　第2章では，統治権の所在の観点から，君主制と共和制を扱う．王権への挑戦が「権力の切り取り」の形をとり，君臨と統治の分業をもたらしたのが立憲君主制であるとすれば，王権への挑戦が「権力の乗り換え」の形をとり，理念（人民主権）と現実（民衆の暴走）の問題に直面したのが共和制である．統治権の正統性の源泉，国家元首選出の方法，国家元首と政府の長の関係などを分析枠組とし，立憲君主制を成立させた英国，新大陸の共和国アメリカ，旧大陸の共和国フランスを説明する．

第 3 章では，議会と政府の関係の観点から，議院内閣制，大統領制，参事会制を扱う．民主政の基本は社会の秩序を担保する拘束力のあるルールを課される側がそのルールづくりに関われることであるとすれば，その関わり方の方法として定着しているのが議会選挙である．立法権と国民の間には双方向性が成立しているが，では行政権はどのように民主的正統性を確保しているのであろうか．政府の長の選出方法，政権の形成，立法過程への参加などに焦点をあて，それぞれの制度における行政権と立法権の関係を分析する．

　第 4 章では，制度としては連邦制と単一制を扱うが，「統治権力との距離」に焦点をあて，分権と参加が民主主義にいかに関連するかを検討する．権力非集中を前提とし，複数の地域政体がその自立を維持しながら共通の目的のもとで統合するという連邦主義には「連合」と「連邦」がある．歴史的には「連合」の形態をとることの方が多く，国家の政治制度として「連邦」の制度化はハードルが高かった．連邦制＝分権国家と思われがちであるが，「連合」から見れば「連邦」は集権的である．また単一制＝集権国家と思われがちであるが，分権を実現させている国々もある．「分権」を独立変数としモデル化し，権力の一元化・多元化の継続線上に位置づけることで，政治制度に呪縛されない分権の実態を把握し，人々に近い政府が決定権をもつことの重要性を分析する．

　第 1 章から第 4 章までは，政治学の基礎となる概念や制度について基本的考え方や基礎知識を学ぶ．これだけでも政治学の一定の基本となるが，本書ではさらに，これらを使いこなしながら，自らの問題意識にたって，実際の政治や政策の分析ができるようになることを目指している．それには方法論が必要である．材料を手に入れるだけでなく，料理の仕方を学ばなければ，成果はでない．知識を学ぶだけでなく，学び方も学んで欲しいのである．比較政治学の方法論として，第 5 章では比較とは何か，第 6 章ではリサーチデザインを説明する．

　比較政治学は，海外の事例を扱うことが多いが，国際政治学とも，各国研究・地域研究とも違う．まず比較政治学とは何か，政治学のなかでの位置づけをしておきたい．

　国際政治学と比較政治学の違いを大胆に言えば，国際政治学は，その名のと

おり国家をベースとした国家間関係に焦点を置いている．国家政府が主要アクターである．もちろん多国籍企業や最近は NGO など非政府組織もアクターとなっている．しかし最終的には国家がどのような行動をとるか，それが特定の国家との関係，あるいは一定の国家との関係，さらには国際社会にどのような影響を与え，その影響が国家にどのような形でもどってくるかに関心をもつのが国際政治学である．国家の内部は一種のブラックボックスになっていて，例えば大統領制と議院内閣制といった制度の違いが対外交渉にどのような影響を与えるかといったことには関心がない．また連邦国家では，条約締結や国家承認といった外交の根幹は連邦政府の権限ではあっても，憲法で州政府の立法分野を明記（例えば，教育・文化，社会保障・社会福祉，環境，投資など）すれば，これらの分野での対外交渉は州政府がアクターとなる．これは，単一制国家にとってわかりにくいため，対外交渉の相手は国家政府，と思いこんで失敗することもある．国際政治学も，国内状況と対外政策のリンケージを意識し始めているが，基本的には国家を１つの単位として，その言動に関心をもっていることには変わりない．学問の手法としては，いかに多くのデータをいかに速く獲得するか，とりわけ得にくいデータ，秘密の情報をどれだけ入手できるかが重要で，それらにより国家の行動を読み解いたり，予測する．誤解を恐れずに言えば，ジャーナリスティックな側面が強い．

　各国研究・地域研究と比較政治学の違いは，事例研究がゴールか出発点かの違いにあると言えよう．１つの国あるいは地域を深く研究することが目的なのか（事例研究がゴール），それともそれ自体はゴールではなく，何かの目的のために材料を集めている（事例研究が出発点）のか．地域研究は前者である．その意味で，「比較政治：〇〇地域」と表すのも，地域研究を寄せ集めただけで比較政治と呼ぶのもおかしい．しかし実際にタイトルに「比較」と銘打っている本を手にとってみると，ある国の研究であったり，各国研究の集合であったりするものが多いことがわかる．前者であれば，何が「比較」かわからない．後者であれば，複数の国を集めて列挙することで「比較」とするのであろうか．

　それが本当に「比較」であるかどうかは，次の３点が判断の基準になる．①それぞれの国の記述に終わってしまっていないかどうか，②客観的に比較しているかどうか，③比較することで何かを明らかにしようとしているかどうか，

の3点である．つまり，記述で終始していれば情報の寄せ集めにすぎないし，比較は試みているもののそれに客観性が無ければ自分の主張を強化するための「都合のよい比較」になってしまうし，比較はしていても何を説明しようとしているのかわからなければ蘊蓄披露につきあわされて退屈なだけである．

　比較は目的ではなく手段である．比較という方法をとることで，何かを説明する，何かを明らかにするのである．比較政治学とは「謎解き」なのである．

　何をどれだけ知っているかを競うのではない．評価のレッテルを貼ったり格付けをする評論ではない．自らの言説を流布させることに傾倒するのではない．どのように考え説明するか，切り口の新鮮さを重視するのである．すでに多くの人が取り組み手垢がついたようなテーマであっても，それをテーマとすることはいっこうにかまわない．重要なのは，斬新な解釈(説明)ができるかどうかである．このためには，基礎を押さえながら「何を明らかにするのか」という問題設定の明確さと，「どのようにしてそれを明らかにするのか」という分析枠組が不可欠である．

　「謎解き」の楽しさは，知らないことを知る，知りたいことを知ることが喜びとなることである．知るということは，知っていることを示すためのものでなく，それを使いこなすためのものである．比較という方法を使い，「謎解き」の楽しさを満喫するためには，比較の意味を理解することと，リサーチデザインの訓練が必要である．

目　次

はじめに

第1章　民主主義 ── その基調と再生の可能性 … 1
第1節　民主主義とは何か … 1
(1)　概　念　1
(2)　基　調　3
(3)　参加の形態 ── 直接民主政と間接民主政　5
(4)　双方向性 ── 統治の一方主義の否定　7
第2節　統治原理 … 7
第3節　警戒と不信 … 9
(1)　民主主義への警戒＝民衆への不信　9
(2)　権力の2つの病理 ──「専制」と「腐敗」　10
第4節　個人の自由と政府（共和主義と自由主義）… 11
(1)　アメリカ共和主義の成功とフランス民主主義の失敗　11
(2)　自由主義の反省　12
第5節　市民社会と民主主義（代議制と参加）… 12
(1)　社会の「正式」メンバー ── パブリックな存在　12
(2)　政治領域 political sphere と公共領域 public sphere の分離　14
(3)　代議制への不信　16
(4)　参加の形態の多様化　17
(5)　市民社会と民主主義 ──「公」の創設・刷新　19

第2章　君主制と共和制 ── 国家と社会の関係 … 21
第1節　統治権の所在 … 21
(1)　新しい政治制度の出現　21

（2）　国家元首の選ばれ方　23
　　（3）　立憲君主制——君臨と統治の分業　24
　　（4）　共和制　24
　　（5）　共和制国家の建設——アメリカ建国　26

　第2節　国家元首と政府の長……………………………………28

　第3節　君主制と民主主義………………………………………29
　　（1）　立憲君主制の成立　29
　　（2）　立憲君主制における元首　30
　　（3）　権力を切り取られた側と切り取った側の関係　31
　　（4）　君主制と民主政　33

　第4節　共和制と民主主義………………………………………34
　　（1）　統治権の正統性の源泉の変化　34
　　（2）　2つの共和国——アメリカとフランス　35
　　（3）　民衆と民主主義　37
　　（4）　共和制と民主主義　37

第3章　立法権と行政権——議会と政府の関係————39
　第1節　行政権の民主的正統性…………………………………40
　　（1）　議会選挙——民主主義の必須要件　40
　　（2）　政府の長 head of government の選出方法　40
　　（3）　政権の形成　41

　第2節　議院内閣制………………………………………………43
　　（1）　責任政府　43
　　（2）　内　閣——強い政府を実現させる議院内閣制の中核　46
　　（3）　議院内閣制の制度と運用　47
　　（4）　野党の重要性　51

　第3節　大統領制…………………………………………………52
　　（1）　共和制・大統領制——議院内閣制と大統領制の違い　52
　　（2）　2つの選挙　54

(3)　行政権と立法権の隔離　55
　第4節　ハイブリッド型……………………………………………………57
　　　(1)　大統領がいる議院内閣制から首相がいる大統領制へ　57
　　　(2)　大統領権限の強化　58
　　　(3)　大統領と首相の関係　59
　　　(4)　立法権の分割——議会と行政府　60
　　　(5)　ハイブリッドの分析——議院内閣制と大統領制　62
　第5節　参事会制（スイス）………………………………………………65
　　　(1)　政府の長の選出　65
　　　(2)　スイスの共和制　66
　　　(3)　共和制国家の invisible な国家元首・政府の長　67
　　　(4)　同輩合議制の歴史的起源と変遷　67
　　　(5)　閣　僚　69
　第6節　立法過程……………………………………………………………70
　　　(1)　4つの制度における行政権と議会の関係　70
　　　(2)　立法過程への政府の参加　71
　　　(3)　法案作成権と法案承認権　73

第4章　連邦主義と単一制度——分権と参加の関係————————77
　第1節　連邦主義……………………………………………………………78
　　　(1)　連邦主義の理念　78
　　　(2)　連邦主義の要素と制度　79
　　　(3)　連邦主義の制度設計——「連合」と「連邦」　81
　第2節　連邦国家の成立——国家の政治制度としての連邦制………84
　　　(1)　連邦国家の成立——アメリカ合衆国　84
　　　(2)　国家の政治制度としての連邦制のデザイン　86
　第3節　連邦制度と単一制度………………………………………………88
　　　(1)　連邦制の定義　88
　　　(2)　連邦憲法における権限分割の特徴　89

(3)　連邦制＝分権国家？　90
　　(4)　連邦制国家と単一制国家　94
　　(5)　法令の規律密度　94
　　(6)　立法分権 —— 単一制度における最強の分権　95
　　(7)　単一制度における立法分権と
　　　　 連邦制度における立法権分割　96

第4節　独立変数としての「分権」……………………………97
　　(1)　分権／集権のゼロサム思考からの脱却　97
　　(2)　分権モデル　98
　　(3)　権力の一元化 - 多元化継続線へのモデルの位置づけ　101

第5節　分権と参加 —— 統治権力との「距離」……………104

第5章　比較政治学の方法論(1) —— 比較とは何か　107

第1節　「なぜ」の重要性……………………………………107
　　(1)　問題の3つのたて方　107
　　(2)　政治と「なぜ」　109

第2節　社会科学と比較の方法………………………………110
　　(1)　偏見と客観性　110
　　(2)　科学化の可能性を拓く比較　111
　　(3)　認識の科学　112

第3節　比較の3つの考え方…………………………………113
　　(1)　法則性の発見　113
　　(2)　部分と全体　114
　　(3)　アプローチの比較　115
　　(4)　比較の考え方の汎用性　115

第4節　比較の種類……………………………………………117
　　(1)　演繹的比較と帰納的比較　117
　　(2)　計量的比較と定性的比較　119
　　(3)　通時的比較と共時的比較　120

(4)　通時的比較と国際比較の例 —— 分権の比較　121
　第5節　分類と比較分析……………………………………………129
　　(1)　調べる作業の留意点　129
　　(2)　分　類　130
　　(3)　比較分析のための分類　131
　第6節　土壌・文脈の重要性………………………………………136
　　(1)　土　壌 —— 歴史, 文化, 伝統　136
　　(2)　文　脈　137
　　(3)　フランスにおける分権の意味 —— 土壌と文脈の重要性　138

第6章　比較政治学の方法論(2) —— リサーチデザイン —— 143
　第1節　問題意識から問題設定へ…………………………………143
　　(1)　比較というメソッドで「謎」を解く　143
　　(2)　なぜなぜチェーン　144
　　(3)　問題意識から問題設定へ　145
　　(4)　説明変数と被説明変数　147
　第2節　分析枠組の構築……………………………………………148
　　(1)　概念の明確化にあたっての2つの作業
　　　　　—— 理論と先行研究　149
　　(2)　概念化 —— コンセプトとコンセプション　150
　　(3)　問題設定の操作化(具体化)　152
　　(4)　仮　説　153
　　(5)　検証方法とデータ　154
　第3節　「抽象の階段」の上り下り
　　　　　　　　—— 問題設定と分析枠組 ………………………156
　　(1)　「抽象の階段」と研究の流れ　156
　　(2)　「考える」——「抽象の階段」を上り下りする原動力　157
　　(3)　改革の3要素 ——【理念・ビジョン】【戦略】【戦術】　160
　　(4)　3要素を明確にもつ改革の事例 —— カナダの財政再建　163
　　(5)　「抽象の階段」と「知的螺旋階段」　165

参考文献―――――――――――――――――――――169

あとがき―――――――――――――――――――――171

第1章

民主主義 ── その基調と再生の可能性

　民主主義とは何か．この問いに答えないまま，民主主義という用語は広く使われており，言葉が一人歩きしているような感もある．

　民主主義の概念は，民主主義を先進的に達成した欧米諸国の価値観が強く反映されている．宗教や伝統，文化や歴史，価値観の異なる社会においても，欧米の規範を受け入れざるを得ないのであろうか．人間が人間らしく社会のなかで生きていくための秩序の形成や維持には，文化や歴史の違いを越えた共通の基調があるのではないだろうか．

　本章では，民主主義の基調となっているのは何かを探り，それがどのように形成され，制度として設計されたか，なぜ新たな形態が要請されるのかを検討する．

> **Keyword**
> ルールメーキング，参加，双方向性，法治，代議制，社会の成員，普通選挙制度，政治領域，公共領域，市民社会

第1節　民主主義とは何か

(1) 概念

　民主主義とは何か．この問いに対して，すべての人が納得する1つの明確な答えを出すことはできない．民主主義の概念は，それだけ広く深いものである．しかしそうは言っても，民主主義の内容が，民主主義という言葉の使い手に好き勝手に都合よく決められるのは危険である．なぜなら，民主主義が肯定的な

響きをもつなかで，何をもって民主主義と言っているのかがわからないまま，民主主義という言葉だけが一人歩きをするからである．

　言葉とその言葉が意味する内容は，意味する内容を明確にしないかぎり，それぞれがその言葉から想起する内容がその内容だと思い込む．概念の明確化を行わないで，言葉の一人歩きを許すのは，一方で混乱や対立を喚起し，他方で思い込みや偏見を助長する．民主主義のために，と言いながら，戦いが起こるのは，それぞれが考える民主主義の内容が異なるのに，そのすりあわせをするまでもなく，自分たちが正しいと思い込み，それを一方的に相手に強要するからである．

　言葉とその言葉が意味する内容を共有することが出発点である．共通の土俵をつくることにまず最初に取り組み，その土俵の上に各プレーヤーがのり，ゲームのルールをつくり，そしてゲームをする．共通の土俵がなければ，各自それぞれの土俵で自分のルールでゲームをしているにすぎない．相手が別の土俵にいることに気づくと，そこに乗り込んで，自分のルールを押しつけようとする．これは建設的でない上に，問題や課題の解決には遠く，場合によってはさらなる戦いを引き起こす．

　言葉とその意味する内容を明確にすることが，概念の明確化なのである．まず概念とは何かを知らなければ，明確化もできない．概念とは，容器のラベルであり，その容器の中身である．図 1-1 は，「民主主義」というラベルの貼ってある容器と，「民主主義」に関係しそうなさまざまな事項がその容器の中にある状態を示している．容器とそのラベルが「コンセプト」であり，その容器の中にあるのが「コンセプション」である．これらが総体となって「概念」を形成している．

　概念の明確化とは，この容器のなかからどのコンセプションをとりだしたかを示すことである．それを行わず「民主主義」という用語を使えば，それぞれが考える民主主義(コンセプション)を「民主主義」(コンセプト)だと思ったままになる．つまり同じ用語を使いながら，異なる内容を抱いているかもしれないのである．共通の土俵あるいは共通の認識がないままに議論することは徒労である．まず用語が意味するものを明確化しなければ，説得力のある論理を展開することはできない．概念の明確化が，とりわけ比較政治学においていかに

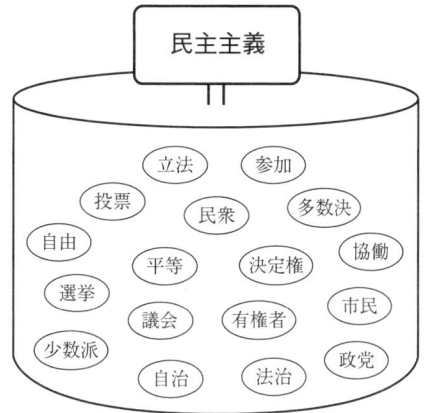

図1-1 民主主義の概念（コンセプトとコンセプション）

重要かについては，第6章において説明することとし，ここでは，少し角度を変えて，「民主主義」の基調となっているものを明確化してみたい．

(2) 基 調

　言葉の一人歩きを警戒しなければならないというスタンスは変わらないが，概念の明確化を徹底するため概念を厳密に定義するということはここではしない．「民主主義」の概念を構成するコンセプションは，民主主義を先進的に達成した欧米諸国の価値観が強く反映されたものが多い．それらが普遍的なものなのか，文化や歴史，社会の価値観，経済発展状況の異なる社会においては別のコンセプションがあるのか，それ自体が論争の的である．文化や歴史など土壌の違いがあるにもかかわらず，欧米の規範がすべてであるように考えられるのは，受け入れがたい面もあるのではないだろうか．論文を書くのであれば，それに決着をつけることは必要であるが，ここでは，どのコンセプションが正しいかといった定義の正当性を議論することはしない．むしろ，どのような考え方が民主主義の基本となり得るか，どのような世界（先進諸国，発展途上国，自治体，組織，団体など）においても基本となる考え方は何かを探りたい．基本がわかれば，それを尊重しながらそれぞれの状況において現実に合ったやり方をそれぞれが考え，それを民主主義とよぶことができる．

民主主義，民主的，民主政，民主化，といったラベルで語られる内容はさまざまであるが，基調となっているものを探るにあたって，民主主義，民主政でない状態とは何かといったように，そうではないものを示すことで，これをあぶり出すことができる．

民主政でない状態，非民主的と言われる状態において観察できるのは，自分たちに関わることがどこかで決められ，一方的にそれを押しつけられるという事実である．さらに言論が統制されていたり，行動の自由が制限されていたりすれば，この一方性は増幅される．参加ができないだけでなく，意見表明すらもできないからである．

政治とは，社会の秩序を維持するベースとなる拘束力をもつルールをいかに作っていくかであるとするならば，そのようなルールが権力者によって一方的につくられるのか，それとも，そのルールが適用される社会の成員である人々自身がそれをつくることに参加できるかは，統治の本質にかかわってくる重要な差異である．

図1-2は，統治権力と社会の関係を示している．左の図では，統治権力から社会(民)に向けての矢印(上から下へ)が出ているだけだが，右の図ではこれに加え，社会(民)から統治権力への矢印(下から上へ)もある．前者では，民は一方的に支配されるが，後者では，統治権力に対しアクセスできる状態である．

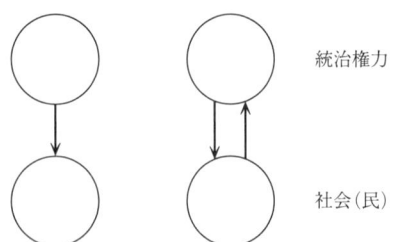

図1-2 統治権力と社会の関係(1)

図1-2の右の図が示すのは，統治権力と社会の関係の双方向性である．この双方向性は，拘束力のあるルールを決める場に，そのルールが適用される側が参加できる(下からの矢印)ことにより成立する．民主主義の本質は，ルールメーキング(決定)への参加にあると言える．さまざまなコンセプションがある民主主義概念であるが，その基調は，統治権力と社会(民)の間に双方向性が成立

していることである．

(3) 参加の形態 —— 直接民主政と間接民主政

ではどのように参加するのであろうか．ルール被適用者全員でルールを決める方法と，自分たちの代表を選んでルールを決める場に送る方法がある．前者は直接民主政，後者は代議制（間接民主政）である．

直接民主政は，皆で決めることに意義がある．この「皆」の数が多ければ，実際に皆で決めることはむつかしい．参加の資格が限定（古代ギリシア），あるいはもともと規模の小さな共同体（ニューイングランド）など，数が制御されているところで実践されていた．現在でも，地方自治体で直接民主政の手法（イニシアティブ，レファレンダム，リコール）が使われるのは，規模が比較的小さいからである．しかし規模が大きい国政レベルでも，レファレンダムが行われることがある．国のあり方に関わるような場合（憲法改正，EU憲法承認など）である．スイスでは，憲法改正のみならず法律についても国政レベルにおいてレファレンダムが定着しているが，一般に，国政レベルでレファレンダムが行われるのは，とりわけ，国民の意思の確認が必要な場合である．しかし注意しておくべきことは，代議制を基盤としている点である．通常は代議制議会が決定の場であり，直接民主政だけで運営されている国家はない．

直接民主政の意味が誤解されがちな点を2つあげておきたい．まず直接民主政の「直接」とは，代理人を通さずに自分たちが直接ルールメーキングに参加することである．立法権への直接参加である．行政権の長を直接選挙で選ぶことではない．

もちろん図1-2の右の図の下からの矢印が指し示す先は，議会（立法府）だけでなく，行政府にも向けられる場合がある．大統領制では行政権の長（大統領）は国民から直接選出される．すなわち議会選挙と大統領選挙の2種類の選挙が行われている．しかし行政権の長を直接選ぶことができることや，2種類の選挙があることが，直接民主政なのではない．民主政か否かは，ルールメーキングへの参加の有無であり，直接民主政はその参加の直接性のことである．

2つめは，Eデモクラシーと呼ばれるサイバー空間での民主政である．時間と距離を瞬時に超えるサイバー空間の拡大は，直接民主政の特徴の1つである

規模の小ささを克服し，直接の意思表明の機会や参加を手軽に提供できるのは確かである．しかし現実空間から切り離されたサイバー空間において，参加者の顔が見えないまま，現実空間でのルールを決めることには危うさがある．直接民主政は，何よりも，自分たち自身で決めるという責任感を伴うものである．技術論的な参加の容易さとは次元が異なる．

代議制（間接民主政）では，人々はルールメーキングに直接参加するのではなく，代理人を選ぶ．実際にルールメーキングに参加するのは，その代理人（代議士）である．どのように選ぶか，直接参加するのではなく人を介することにより，参加の正統性が浸食されるのではないか，選ぶことにより選ぶ方と選ばれる方の関係はいかなるものになるのか，選ばれた者は何を代表するのかなど，その間接性ゆえの問題が18世紀ヨーロッパでは解決できず代議制の実現を阻んでいた．アメリカ憲法の作成に深く関わったマディソンは代議制と選挙をあっさりと結びつけ，アメリカに共和政体 republican form of government を確立させた．以降，選挙が代議制と同義になった．

ルールメーキングを行う場が議会である．拘束力のあるルール，つまり法をつくっていく場である．その場に，自分たちが選んだ代表を送ることができるかどうか，つまり議会選挙が行われているかどうかが，民主主義体制か否かを識別する基準となっている．国名に民主主義とついていれば民主主義国なのではない．世界最大の民主主義国家はインドである，と聞いて驚くかもしれない．人口10億人，識字率64％，カースト制度のこの国では，独立以来，一貫して選挙を実施し民主主義体制を貫いているのである．

議会選挙が実施されているか否かで，その国が民主主義国家かどうかを区別する基準となるが，さらに言えば，選挙の実施だけでなく，その選挙結果が尊重されることも重要である．選挙に負けた方がその結果を受け入れず，武力に訴えてしまえば，軍事独裁あるいは内戦となるからである．

選挙が民主主義の正当性の根拠であるためには，選挙は定期性と競争性がなければならない．統治権力側が自分の都合が悪ければ選挙しない（定期性がない），候補は1人だけしかいない（競争性がない），このような選挙は正当性を与えない．共産国家においても選挙は行われていた．しかし，複数の政党がなく，候補者の選択肢がない状態の選挙は，お仕着せの候補者を追認する機能し

か有さない．それでも選挙を実施するのは，実施しているというアリバイが重要だからである．一党独裁のもとでの選挙と，競争性は排除していないが事実上，立候補者が1人しかいない選挙は，どちらも選択肢がない点では同じである．重要なのは，人々が選ぶという行為をとおして，統治権力を定期的にチェックし，場合によっては置き換える機会があるということである．

(4) 双方向性── 統治の一方主義の否定

民主主義とは何か，という問いに対して，統治権力と市民，統治する側と統治される側の間に双方向の関係が成立していること，と回答したい．統治する側から一方的に押しつけられるのではなく，自分に関係することを決めるのに，その決定過程に自分たちが参加できることである．ここには自治との関係が透けてみえる．この場合の自治は，autonomy というより，self-government すなわち自らを統治する，という意味である．宗主国から一方的に統治されていた植民地が，少しずつ自治権を獲得していく過程を見ると，植民地議会で決められる事項が拡大している．それらの事項は，植民地における内政に関する事項であり，植民地の人々にとって現場のことを自ら決めることができるようになる自治政府である．イラクにおける選挙も，イラク人がイラク国家のあり方を決めるための第一歩である．国内に目を転ずると，地方分権も，セルフガバメントである．中央政府が決めたことを一方的に押しつけられるのではなく，身近な政府である自治体において，その地域の運営に関することや生活に関連する公共サービスのあり方を，そこに居住する人々自身が決められるようにする．つまり双方向性の確保であり，民主主義と密接に関連する．分権化が民主化と同義に受けとめられるのはこのためである．

他者から一方的に統治されるか，自分たちのことは自分たちで決めるか，その違いが民主主義とは何かを示している．

第2節 統治原理

統治する側と統治される側の関係は，統治する側が統治される側を一方的に支配する場合から，統治される側が統治する側のあり方を決定する場合まで，

さまざまである．

　統治権力は何をもって支配の正当化をし，強制力を何で担保しているのであろうか．3つの手段がある．血統による支配，力による支配，法による支配である．

　血統による支配の典型は君主による統治である．制度としてこれを支えているのは，君主の座であり，それは相続されていく．社会から見て君主による統治を支えているのは，君主が備えているであろう徳や高貴さである．しかし君主になる人間が必ずしもこのような資質をもつとは限らず，暴君や専制君主も出現する．善政となるか圧政となるかは，多分に君主の資質にかかっている．

　力による（パワーベース）支配には，武力という物理的な暴力による支配と，宗教やイデオロギーといった価値体系による支配がある．権威主義体制と呼ばれることが多い．力による支配は社会に恐怖を与えることにより，維持される．武力による支配のもとでは，物理的な暴力行為を受けるという恐怖，価値体系による支配のもとでは，社会的に排除されるという恐怖である．逆らうことで受けるであろう制裁や報復が恐怖となり，それが従順を強要するのである．

　血統による支配や武力による支配に共通するのは，支配者が替われば，支配の内容も変わる「人治」の点である．イデオロギーによる支配は，「党治」の形態をとるが，実際は党幹部が多大な影響力をもつ「人治」であり，これらはともにパワーベースである．

　これとは対照的に，法による支配では，支配者として個人が前面に出ない．それは属人的要素が決定的な「人治」とは異なり，制度や手続きといった機械的な要素を強くもつ装置である．パワーベースでなくルールベースである．

　統治権力を車にたとえてみよう．車の乗り手が替わるたびに車も替わるのが「人治」であるとすれば，車はそのままで乗り手だけが替わるのが「法治」である．さらに言えば，乗り手の交替が透明な手続きを踏んで行われるか，乗り手の交替に社会の側が関われるか，乗り手の運転技術や資質のチェックが定期的に行えるか，なども「人治」と「法治」の違いである．

　社会の秩序を維持するため，その社会に適用される拘束力のあるルールを決め，そのルールで統治することが「法治」であるとすれば，次の2点が重要となる．まず法の下での平等があげられる．法は社会の成員全員に例外なく適用

されなくてはならない．次に法をつくる場への社会の側からの参加が重要となる．法が拘束力や強制力をもつのであれば，一方的統治を否定し，それを適用される側が立法に参加するという双方向性が必要である．このような双方向性は第1節で述べたように民主主義の基調となっている．「法治」の基本とも言える法の下での平等や立法への参加は，民主主義の基本と重なるのである．

第3節　警戒と不信

(1) 民主主義への警戒＝民衆への不信

　民主主義という言葉には，肯定的なニュアンスがある．民主主義をベストだと思っていなくとも，真っ向から民主主義に反対することはしない．しかし歴史的に見れば，民主主義が警戒されていた時期は長い．その警戒は民衆への不信と表裏一体である．

　17世紀イギリスの名誉革命は，議会主権を確立させたが，これを民主主義革命とは言わない．名誉革命のアクターは，国王と貴族(領主)であり，民衆は出てこない．王権を制限し議会主権を勝ち取った勢力は，社会一般から見れば一握りの特権階層である．議会のメンバーとなるのも，議会のメンバーを選ぶのも，一部の人々であった．産業革命以降，資本家・ブルジョワが加わったが，一般の人々は置き去りにされたままであった．

　今では世界的な民主主義布教者であるアメリカも，18世紀の建国時においては，デモクラシーという言葉はほとんど出てこない．1787年憲法を擁護する論攷である『ザ・フェデラリスト』(1788年)は，民衆に対して懐疑的で，不信すら示唆されている．

　フランス革命では，革命の目的が共有されないまま，革命の推進主体が次々に替わり，民衆の参加が，国王の幽閉・処刑，恐怖政治と流血の惨事を引き起こした．これに震撼した19世紀のヨーロッパでは，デモクラシーは過激な人民主義と同義となり，警戒すべきものとなった．

　民主主義という言葉が積極的な価値をもったのは，第2次世界大戦後である．民衆への不信，民衆の過激性への警戒が解けたからというよりも，支配の一方主義の正当化が困難になったという方が現実に近い．アジアやアフリカにおけ

る植民地の独立は，ヨーロッパの宗主国の一方的統治からの解放であったし，東欧諸国の民主化は，共産党イデオロギーの一方的統治からの解放であった．

(2) 権力の2つの病理——「専制」と「腐敗」

　民主主義のニュアンスが，警戒的なものから肯定的なものへと変わったのは，強者の一方的支配からの解放という意味をもったからである．歴史的に民主主義が警戒されていた原因ともいえる「民衆への不信」が解決したわけではない．独立直後は議会選挙を制度化し民主主義体制となった旧植民地が，軍事政権に転化したケースは多い．

　君主や独裁者による一方的支配では，圧政や暴政といった「専制」と特権層の「腐敗」が病理となるが，民衆による政治参加がこの病理を解消するわけではない．無知な民衆が政治参加すれば，「専制」は多数派の専制となり，「腐敗」は権力の取り合いにより助長される．この問題に最初に直面したのは，王権を否定し，人民に権力の正統性の源泉を求める（人民主権 popular sovereignty）ことで正当化される共和制の国家を，世界で初めて建国しようとしていたアメリカであった．

　封建制や身分制のもとでは当然認められない民衆の政治参加も，身分制や封建制を否定し，自由な社会を築いた以上，社会的・政治的に平等であることが前提となる．しかし民衆の政治参加を無制限には認められない．民衆への不信だけでなく，現実の規模の問題からも参加には限界がある．ニューイングランドで実践されていたタウンミーティングのような全員参加型は，規模が小さなコミュニティであるから可能なのであり，13邦全部を包括する規模では不可能である．結局，建国者たちが選択したのは，代議制である．『ザ・フェデラリスト』の論攷には，民主主義 democracy や参加 participation という言葉はあまり出てこない．共和政体 republican government と代議制 representation が圧倒的に多く，それがいかに重要かを説いている．人民主権が国家建設の源泉ではあっても，それは民衆礼賛ではない．あるいは人間の徳に期待する統治ではない．

　「専制」と「腐敗」の双方に共通するのは，政治の私物化である．この権力の病理的現象に対抗するには，2つの方法がある．1つは民衆を徳のある市民とすることであり，いま1つは権力分立と権力間の相互監視抑制をベースとし

た統治機構の設計である．アメリカがとったのは後者であった．

第4節　個人の自由と政府（共和主義と自由主義）

(1)　アメリカ共和主義の成功とフランス民主主義の失敗

統治機構の設計は，個人の自由と統治権力のせめぎ合い，すなわち，いかに統治権力（政府）から個人の自由を守るか，いかに統治権力（政府）が個人の自由を守るか，この2つのせめぎ合いのなかから均衡点を見つけることである．アメリカの統治機構は，徹底した権力分立が特徴であるが，そのような制度設計の根底にあるのは，「限定された政府 limited government」の考え方である．これは，個人の自由と政府権限のバランスの観点から見ると，個人の自由が優先し，法的枠組のなかで政治的諸権利の平等を実現させ，自由を保障するのが政府の役割であるとされる．これは自由主義の考え方である．

前述したように，建国時のアメリカが設計した統治機構は共和政体である．共和主義は，市民の徳，公共財などを重視する．当時のアメリカは，民主政と言わず，共和政を強調しているが，その一方で共和主義の考え方はあまり強くなく，「限定された政府」の設計に表れるように，自由主義の考え方のほうが凌駕している．アメリカの共和政体と自由主義の関係は，どのように説明できるのであろうか．

「限定された政府」と共和政体を結びつけているのは，制度設計そのものである．専制を制御する権力分立，腐敗を制御する代議制である．民衆の直接参加ではなく，代議制を選択したことで，民主主義（参加）＜共和主義（代議）の構図となる．ここでの共和主義は，当時のアメリカがもっとも重視したのが国家政府の設計であったことから，倫理や徳を重視したそれまでの共和主義とは異なっていた．治める人の徳，徳のある市民など徳に期待する統治ではなく，むしろ権力への不信，民衆への不信をベースとしその弊害を相殺する制度・機構の設計を目指したのである．それが権力分立と代議制を基本とする共和政体となった．

政治参加を強調せず代議制をとることで，個人は選挙という政治参加をするとき以外は，政治に関わらず私的生活における享楽を追求できる．共和主義と

は共和政体というメカニックな機構を指し，個人と国家の関係においては，現実には自由主義である．

　代議制を選択したアメリカの統治機構の成功と，民衆の参加を重視したフランス革命が過激化・急進化し恐怖政治という流血の惨事を引き起こした事実は，共和主義の敬遠と自由主義の台頭を結果することになった．

(2) 自由主義の反省

　個人の自由が最重要な価値で，政治は代議制のもとで政治家にまかせる．個人も企業も私的利益の追求にふける．それにより豊かになる．しかし自由主義の信奉から生じたこの状態は20世紀には全体主義の出現を止められなかったことから，自由主義への反省が生まれる．徳のある市民を育成すること，政治を政治家まかせにしないこと，個人が私的享楽にふけらず公共の場での活動をすることなど，共和主義的要素が再考されるようになる．

　専制とは過去においては，君主や暴君の圧政であり，腐敗とは特権層による権力の私物化であった．しかし政府の権限を縮小し個人の自由を重視する自由主義が台頭しても，専制と腐敗は克服されはしなかった．むしろ私的享楽に埋没する民衆の腐敗と，信頼されていない政府の横行という専制を結果した．noblesse oblige は忘れ去られた美徳であり，money と power が席巻する社会となった．社会と個人の関係においては，個人の自由が優越する．共通のルールづくりやその尊重，同じ社会の成員としての他者への配慮などは，個人の利己的な言動の蔓延で風前の灯火である．しかしその一方で，人間の連帯や信頼をとりもどす必要があると痛感されつつある．「公共」の意味の再考や市民社会論の台頭は，代議制への不信と新たな参加の形態の模索がその背景にある．

第5節　市民社会と民主主義（代議制と参加）

(1) 社会の「正式」メンバー —— パブリックな存在

　社会の秩序を維持するための強制力を伴うルールの策定に，そのルールが適用される社会の側から参加をする．図1-2にもどれば，左の図では，統治権力から社会へ向かう矢印だけの一方通行であるが，右の図では，社会側から統治

権力へ向かう矢印が加わることで，両者の間に双方向性が成立している．この双方向性が民主主義の基調である．

　社会側から統治権力へ向かう矢印（下から上向きの矢印）が指し示しているのは，統治権力のなかでもルールメーキングの場，すなわち議会である．矢印の先が行政権に向けられる場合（例えば行政権の長の直接選出）もあるが，その場合も議会へ向けた矢印はある．いずれにしても，統治権力へ向けられている矢印の先は明確である．では矢印の根元はどうであろうか．社会全体から矢印が出ているのであろうか．政治に参画するのはどのような人々なのであろうか．

　政治参加を社会のメンバーシップの問題として捉えるならば，誰が正式な構成員であるか，誰を正式のメンバーとして認知するかという問題として提起できる．政治への参加権をもつのが正メンバー，それ以外は社会の一員ではあっても正式な成員とは認めない，という観点から考えてみると，民主主義の歴史は，正メンバーを限定していた状態から，その基準が少しずつ緩和されていくことで，多くの人々がメンバーとして認知されていった歴史である．

　議会制をいち早く成立させた英国を例に歴史的に見れば，正メンバーは，王権を制限し議会主権をうち立てた議会勢力である．貴族，ジェントリーなど土地所有者が中心であったが，産業革命の進行とともに資本家・ブルジョワが加わった．議会勢力の拡大である．その後はゆっくりと，いわゆる選挙法の改正という形で，農民や労働者に選挙権が与えられ，普通選挙制度が成立していった．しかしこれは男性だけであり，女性に選挙権が付与されたのは，20世紀に入ってからである．

　政治参加を，パブリックとプライベートの観点から説明することもできる．正メンバーである（政治参加ができる）ことがパブリックな領域での個人であるとすると，それ以外はプライベートの領域での従属的な存在であると考えられていた．これが農民や労働者や女性への選挙権の付与が遅れた理由である．

　政治に参画できるのは，徳のある人，つまり生計を人に負っていない人々であった．私的利益を追い求め蓄財に走るのではなく，他者への配慮ができる余裕として，経済的自立が求められたのである．生産手段の所有が自立の原則であり，もっとも基本とされたのは土地所有であり，大地主が有力な正メンバーであった．

封建制の下では，農民は領主の私的所有物であり，プライベートはパブリックに従属するものという考えであった．産業革命を経ると，資本家・ブルジョワが新たに社会の正メンバーとして認知されるようになる．生計を土地で立てるか，投資(金銭)で立てるかに違いはあっても，自立していることは同じであった．資本主義の下では，賃金労働者はその生計を企業に負っており，その意味で資本家に依存する存在とみなされる．正メンバーのプライベート領域での依存的存在から抜けだし，社会に認知されることで政治参加が可能になる．農民や労働者に選挙権が付与され，社会のほとんどの人々が選挙権を得ることで普通選挙制度の成立となる．しかしこれは男子普通選挙制度であり，男性の間で財産などで政治参加が制限されることがなくなっただけであった．女性はその後も従属的存在としか見なされず，女性参政権が認められるまでにはさらに時間を要した．

政治参加の公式権限である選挙権の付与と，パブリックな領域においての存在の認知は表裏の関係にある．例えば，英国において女性に選挙権が付与されたのは，第1次世界大戦に関連しており，国に残っている大部分は女性であったことから，戦争のためには国内においてその力を動員する必要に迫られたからである．日本でも敗戦後の占領期における改革の一環として，家制度に代表されるそれまでの社会システム，すなわち戸主のプライベート領域における従属的存在から女性が解放された．女性参政権を認めないアラブ世界においても，女性の社会進出とともに，例えば地方選挙においてのみであるが，選挙権を認める国も出てきている．

(2)　政治領域 political sphere と公共領域 public sphere の分離

産業革命の進行により，財産所有者のカテゴリーに大地主の他にブルジョワが加わった．

前項で述べたように，当時政治に参加できる人はパブリックな領域で認知された限定的な人々であった．政治は一部エリートのパートタイムの活動であり，公共領域と政治領域は重なっていた．

しかし選挙権の拡大により政治に参加する人々が増大すると，政治活動は変化していく．普通選挙制度の成立は，多くの人を政治に参加させ，人々の意思

をより政治に反映させ，民主主義の開花のように見えるが，根本的問題もはらんでいた．

その第1は，政治の大衆化が，政治領域を公共領域から切り離してしまったことである．政治参加できる人々の数の増大は，それらに応答しなければ選挙に勝てないことになり，政治活動の範囲の拡大を伴った．それまでは，政治に関わる人は生計の不安がないエリートであった．いかに生計を立てるかが最大の関心である人々が大量に政治参加の機会（選挙権）を得ても，彼らは政治に関わっていられない．ここから，政治の分業が起こる．すなわち，政治に関わる人が限定されていたエリートクラブ時代はパートタイムの活動であった政治が，一方で政治を職業とする者のフルタイムの活動になり，他方で多くの人が選挙の時だけ政治に関わるがそれ以外は政治家まかせとなった．政治領域は，公共領域から切り離され，一般の人々から遠くなった．政治の職業化により，政治家は自分のキャリアと収入に関心をもち，政治は議論の場よりも利益を交渉する場になっていった．

第2は，統治権力と社会をつなぐ媒体の変化である．参加が限定されていたエリートクラブから，大衆クラブ（政党）へと媒体が変わった．政党は，社会のさまざまな意見や利害を汲み上げ，統治権力へつなぐ組織として，図1-2の右の図で示した下からの矢印を具現する装置である．民主主義を機能させるためには，複数の政党の存在とそれらが競い合う選挙が必須である．政党の究極の目的は，政権をとり自分たちの考えを政策として実現させる（図1-2で示した上からの矢印）ことであるとすれば，政権に近づくためには，選挙においていかに票を獲得するかが最重要課題であることは確かである．しかし票の獲得だけが政党の目的なのではない．さまざまな議論を行い利害の調整や集約を行う場であり，それを発信するインターフェースでもあるのである．大衆化が進むと，政党は議論よりも集票が主要な活動となっていった．倫理や価値，徳や正義の問題は，周辺化されるか政治の場から除外されていった．票は，政治代表に自分たちの経験を意味をもって伝える媒介となっていないことが明らかになるにつれて，投票という行動は次第に意味を喪失することになる．

歴史的に統治においてもっとも危惧すべき病理とされた「専制」と「腐敗」が，新たな形で浸透し始める．一般の人々から切り離された「政治領域」にお

ける政治家たちによる「専制」と「腐敗」である．

(3) 代議制への不信

　代議制は，統治の正統性の源泉である人民の意思をいかに反映するか，対立する利害や意見の相違や衝突をいかに調整するかといった課題に対して，「専制」と「腐敗」への強い警戒のもと，アメリカ建国者たちが確立させた制度である．民衆の直接参加がフランス革命の恐怖政治をもたらしたこともあり，諸国はこぞって代議制を導入し，代議制は民主主義と同義となるまでになった．

　選挙権の拡大とともに，政治参加＝選挙，と認識されるようになり，前項で述べたように，多くの人が政治的関心を失い，職業政治家が政治を担当する政治の分業が行われている．それでも人々が政治次元と接点をもつ選挙において，投票率が高ければ，代議制は正当性を持ち続けることができる．

　政治の職業化に伴い，政治領域が公共領域から切り離されると，市民は，審議や議論が欠如したまま内輪の慣習が横行する政治の世界に不信をもち，また選挙のときだけ参加することに政治からの疎外を感じるようになる．参加の有効性も手応えも感じられないからである．参加のルートとしての選挙の意味の衰退は，投票率の低下となってあらわれる．

　投票率の低下は，政治不信にも原因がある．政治不信には，政府への不信，政策への不信，政治体制への不信など，政治のさまざまな次元への不信が考えられるが，民主主義というレジームが否定されているのではない．議会や政府といった統治機関 institution そのものが否定されているのでもない．選挙を否定しているのでもない．政治不信の矛先は，政治に関わる人々に向けられているのである．

　教育レベルの上昇，中間層の出現，生活水準の向上など，選ぶ側には価値観に変化が起こったのに，政治家はこれらの変化の本質を見きわめることができず，旧態依然としている．社会常識と乖離した内輪の論理の閉鎖社会の中での権力の取り合いに明け暮れてしまえば，政治の信用は失墜する．無党派層の出現と拡大が示唆するのは，代議制への不信と不満である．代議制が，代議 representation の信頼を失いつつあるのであり，投票率の低下は，代議制の正当性をさらに浸食する．

代議制は，政治領域を政治家に独占させ，意味のある議論よりも集票や表決を優先させることになったのは否めない事実である．では代議制（間接民主政）をやめて，直接民主政とすればいいのであろうか．直接民主政は，政治の大衆化や情報通信技術の発展によるサイバー空間の肥大化が進んだ状況では，危険ですらある．直接民主政的装置（イニシアティブ，レファレンダム，リコール）の導入は歓迎されようが，それが有効に機能するのは，代議制をベースとした上で，それに刺激を与えたり，補完する役割を果たす場合である．

投票率の低下は，組織票などを票田とする一部利益が権力を握ることを容易にし，それがますます不信を煽るという悪循環を導いている．この悪循環を断ち切り，社会の側が権力の行使をチェックするという民主的統制 popular control の基本にたちかえるためには，統治権力と社会の間のチャネルのあり方を見直す必要がある．

(4) 参加の形態の多様化

代議制の問題が，政治領域の隔離や選挙のときだけの意思表明にあるとすれば，それを解決することが再生のための課題である．政治の職業化によって政治領域は公共領域から切り離された一方で，一般の人々は政治を政治家にまかせることで個人の私的生活が最大の関心事となった．政治の職業化と個人の私的自由の世界が，公共領域を矮小化させたのである．

この状況を打破するのは，公共領域の再生と強化である．個人が私的領域に埋没せずに，そこからとびだし公を担おうとする．個人の政治への参加が選挙だけでなく，社会のさまざまな局面に対しても可能となるように，参加ルートを多元化する．これにより，公共領域に政治を取り戻すことができる．統治する側と統治を受ける側の間に双方向性が確立していることが民主主義の本質であるとすれば，この双方向性をいかに強化するかが求められているのである．

図1-3は，統治権力と社会の関係を，両者の関係の特徴に焦点をあてて示したものである．一番左の図は，統治権力が社会に対して一方的に強制力を行使する関係を示している．左から2番目の図は，社会側から統治権力へ向けての矢印が加わり，両者の間には双方向の関係が成立，民主主義の始まりである．図1-2で示した2つの図と同様である．図1-3では，これに3つの図を加えて

いる．真ん中の図は，統治権力と社会の間の双方向性を前提としながら，両者の間には強い相互関係 interaction があることを示している．選挙のときだけでなく，両者の関係が日常的に成立している状態である．さらに両者の距離が縮まり，一部が重なり合うのがその右隣の図である．統治権力と社会の共有部分ができている．多元的アクターが協働するガバナンスである．全部が重なったのが，一番右の図であり，直接民主政である．

	①一方通行	②双方向	③相互関係	④ガバナンス	⑤直接民主政
統治権力 社会（民）	○ ↓ ○	○ ↓↑ ○	○⇔○	○○	○
特徴	一方的な統治．	民主政の成立．代表者を選べるが，それに支配される．	統治権力と社会の間のチャネルが強化．応答的相互作用．	共有部分の出現．アクターの多元化．	全員が当事者．
政治参加	なし	間接	間接・直接		直接
統治体制	絶対君主制軍政・独裁	民　主　政			

図 1-3　統治権力と社会の関係(2)

　図 1-3 の 5 つの図のうち，民主主義の再生の観点から注目したいのは，中の 3 つの図（②③④）である．これらは右にいくにつれて，統治側と被統治側の間の距離が縮まり，統治権力と社会の関係が強くなっている．社会側からの参加の強化と，統治権力側からの応答の強化である．選挙しか参加ルートがない代議制は②の状態であり，それが行き詰まりを見せるなか，民主主義の再生にとって重要なのは，形式だけの参加ではなく，実質的参加，参加の多元化・多様化により，応答的な相互作用を可能とすることで，双方向性を強化することである．すなわち②から③へ，そして④へといかに移っていくかである．応答的となること，すなわち民主主義が表決型から審議型に変わることを意味する．政治の場が市民の生活から隔離されていった過去とは対照的に，今度はそれを市民の手にとりもどそうとする動きとも言える．代議制という制度は維持しながら，統治権力と社会の間の双方向性をいかに強化していくか，市民社会が民

主主義の再生にかかっているのである.

(5) 市民社会と民主主義——「公」の創設・刷新

　政治領域を,政治家だけでなく官僚も含めた「官」とし,それ以外を「民」とすれば,政治領域と一般個人の私的領域の乖離は,官と民の棲み分けとも表現できる.いずれにしても共通しているのは,二元論である.民主主義の再生に不可欠なのは,この二元論から脱却し,その中間の公共領域を再生刷新することである.図1-3の③では,太い両方向の矢印,④では重なりで示される部分である.矮小化された公共ではなく,新しい「公」である.そこは,統治権力を独占した内輪の論理の閉鎖世界ではなく,市民による政治の取り戻し,いわゆる参加協働の場である.

　「滅私奉公」に危険な匂いがするのは,公が国家を意味し全体主義を想起させるからである.国のために何ができるかが,国のためにすべて(私生活)を捧げよとなり,また国が個人の生活のすみずみまでコントロールすることを容認する.官民二元論は,官民の棲み分けが特徴であるが,滅私奉公は官民一体論である.重要なことは,滅私ではなく,私を活かしながら,国家だけでない「公」に,個人が参加することである.

　市民社会論は,歴史的には古代ギリシアやローマにまでさかのぼるが,現代に結びつく系譜としてはスコットランド啓蒙主義が源であり,またヘーゲルの影響が強い.しかし市民社会がとりわけ注目を浴びたのは,東欧諸国の民主化が,市民社会と同義で語られてからである.その一方で,すでに民主主義体制を成立させている先進諸国において,自由主義社会の行き過ぎが,私的享楽にしか興味をもてない個人を大量に生み出し,社会的責任が希薄になっていることへの反省から,市民社会論が注目された.両者に共通するのは,民主主義と同じ文脈において,市民社会という言葉が用いられていることである.市民社会には,民主化の原動力・推進力という意味と,民主主義の再生という意味が含まれているのである.

　民主主義の再生は,参加機会の多元化・多様化に求めることができる.統治権力と個人の私的生活の間に,社会という共通空間において,参加の場としての公共領域が充実する.個人が自己実現をしながら(幸福を追求しながら),社

会の一員として責務を果たす，あるいは公共財を支える．やり方は，さまざまである．納税という義務を果たす一方で，税金の使われ方へのチェックや政府の運営をチェックする．個人やNPOで，社会奉仕，慈善，ボランティア活動などを行う．相互扶助や近隣社会の運営に参加する．信頼のネットワークができることで，個人の漂流もなくなり，人間性の回復にもなる．

　政府の行動原理がパワー（権力），市場の行動原理がマネー（金）であるとすれば，市民社会の行動原理はシンパシー（共感）である．人と人をつなぐのは，相手を認めること recognition である．信頼されていない政治の横行や市民の政治的無関心を放置しておくわけにはいかない．人間の連帯や信頼をとりもどす必要があるのではないだろうか．公共空間の拡大がその場を提供し，それが民主主義の基礎体力を強化することになるのである．

第 2 章

君主制と共和制 ── 国家と社会の関係

　社会の秩序を維持するため，その社会の成員全員に適用される拘束力のあるルールを決めることが統治権力であるとすれば，その正統性の源泉は何にあるのであろうか．

　統治は，必然的に社会を，統治する側と統治される側に分けるが，この二者の関係は，統治する側が統治される側を一方的に支配する場合から，統治される側が統治する側のあり方を決定する場合まで，さまざまである．前章では，統治権力と社会の関係に着目して，一方通行が権威主義体制，双方向性の確立が民主主義体制，そしてガバナンスを民主主義のバリエーションとして，参加と応答性から説明した．

　本章では，統治権の所在および統治権力の正統性に焦点をあて，それが国家の政治制度としてはどのような形態をとるかを検討したい．

> **Keyword**
>
> 統治権の所在，権力の切り取り，権力の乗り換え，君臨と統治，国家元首と政府の長，無冠の君主，統治の分業，議会主権，人民主権，共和政体

第 1 節　統治権の所在

(1)　新しい政治制度の出現

　近代以前の国家は，そのほとんどが王国であり，王の私有財産的性格が強かった．王権神授説が説かれ，統治権力は君主 monarch が掌握し，血統あるいは相続によって継承された．君主制である．monarch の語源は，1 人で支配する

mon-arch にある.

統治権の源泉は王権にあり，王への接近が権力への接近であった．このため王位継承をめぐる争いは頻繁であった．

歴史的に王権が統治の正当性を有していた状態は長らく続いていたが，これに対し，2つの異なる挑戦が行われた．1つは王権の制限であり，いま1つは王権の廃止である．

統治権力を，再び車にたとえてみよう．車という装置が統治権，車の馬力が権力の強さ，車の乗り手が権力者，運転技術が政治の実態である．誰が車の乗り手であるかとは，誰が権力を行使しているか，ということである．

君主制では，王権が車，車の乗り手は君主である．まず最初の挑戦は，車の独占的乗り手であった君主を，車から引きずりおろすことはしないが，別の勢力が車に乗り込み，運転に注文をつけ始める．そのうちに，彼らは君主を別の座席に移し，実際に車を運転するようになる．君主が独占していた統治権の一部を，君主以外が掌握するという権力の切り取り，つまり王権の制限である．これが漸進的に行われたのが英国である．国家元首としての君主は残しながら，実際の政治権力は議会が握り，君主のあり方さえも議会が決めるという議会主権を確立させたのが名誉革命の権利章典(1689年)である．君主は車には乗り続けているが，実際に運転しているのは議会勢力であり，王と議会の混合政体である．国家元首として君主は残り，その地位は相続されていくので君主制であることに変わりないが，君主のあり方や権限は議会が決める立憲君主制 constitutional monarchy である．それまでの君主制は，君主が統治権をもつ絶対君主制 absolute monarchy であったが，立憲君主制においては，君主は「君臨すれども統治せず」となった．君主にとっては，全権掌握状態から，権力の一部掌握状態への移行であり，王権の制限である．王権を切り取った側にとっては，掌握したのは統治権であり，その所在と正当性を明確にする必要があった．議会主権 parliamentary sovereignty の確立である．

王権の制限よりもさらに過激な挑戦は，王権の否定である．車の乗り手であった君主を車から引きずりおろし，自分たちが乗り込み，運転する．君主のもっていた権力を自分たちのものにするという権力の乗っ取りであり，まさに革命である．引きずりおろし方としては，歴史的に見れば，現実に君主の存在を

抹殺(国王幽閉・処刑)するか，あるいは植民地として宗主国の王権の支配を受けることを拒絶し独立を達成する，という2つがある．前者がフランス，後者がアメリカである．統治権は君主が掌握していた状態つまり君主制においては，統治権の源泉は monarch にあるが，それをまったく否定してしまう場合，統治権の源泉を他に求めなければならない．統治権の所在がはっきりしなければ，統治の正当性が担保できないだけでなく，混乱をまねくことにもなる．王権を否定した社会が統治権の源泉としたのは，人民 people である．人民主権 popular sovereignty の確立であり，政治制度としては共和制となった．

統治権の所在は主権者にあると見れば，それまでは君主が有する王権が主権であり，主権者としての正当性は，それを神に求める王権神授説などが擁護してきた．これに対する挑戦が，新しい政治制度を創りだした．図 2-1 は，王権への挑戦から生まれた新しい政治制度を，挑戦の違いを基準に示している．君主という存在は残しながら，王権を制限しつつ実際の統治権力を切り取ったのが立憲君主制である．王権を否定し，君主を廃し，全権力の行使者が替わったのが共和制である．絶対君主制しかなかった状況において，新しい政治制度が生まれたのであり，国家と社会の関係のあり方を規定する制度の選択肢が増えたのである．

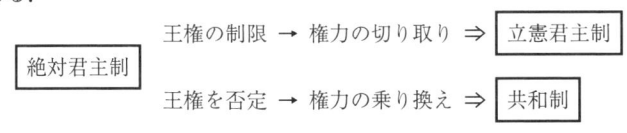

```
                王権の制限 → 権力の切り取り ⇒  立憲君主制
絶対君主制
                王権を否定 → 権力の乗り換え ⇒  共和制
```

図 2-1　王権への挑戦から生まれた新しい政治制度

(2) 国家元首の選ばれ方

統治権の正統性の源泉をどこに求めるかに焦点をあてると，王権 monarch に求めれば君主制に，人民 people に求めれば共和制となる．

これを，国家元首 head of state に焦点をあてて考えてみよう．君主制では，国家元首は君主である．君主の血統に元首であることの根拠があり，その血統で元首の地位が相続されていく．これは絶対君主制であろうと，立憲君主制であろうと，君主制である限り同じである．この対極にたつのが，君主を否定した共和制である．共和制とはどのような制度であるかを，国家元首の視座から

見れば，国家元首が血統により相続されない制度，国家元首が社会側から選ばれる制度と言うことができる．つまり国家元首の選ばれ方が，君主制か共和制かを分けるのである．

(3) 立憲君主制 —— 君臨と統治の分業

君主制では，国家元首は君主の血統に根拠があり，その血統で相続される．前述したように，これは絶対君主制でも立憲君主制でも同じである．

絶対君主制では，国王は支配権を独占している．英国では，13世紀以来，国王の権力独占に挑戦する動きが顕在化し，王権の制限が少しずつ試みられてきた．マグナカルタ(1215年)には，国王の課税に対して同意の必要性(第12条)，公正な裁判と人身の自由(第38〜40条)，傭兵の禁止(第51条)など，国王の支配権を制限する規定がある．権利の請願(1628年)には，承諾なき課税の禁止(I部)，人身の自由と法の手続き(III部，IV部)など，マグナカルタを再確認する規定が多い．名誉革命の文書である権利章典(1689年)では，議会の同意なくしては課税できないことや法律を停止できないこと，議事手続きの自由などが宣言されており，王権の制限にとどまらず君主のあり方も議会が決める議会主権が成立した．これにより，国王によって王権の強さや議会との関係が変わることがなくなり，絶対君主制から立憲君主制への移行となった．立憲君主制の成立は，君主は「君臨すれども統治せず」という状況を創りだした．統治権の行使者である議会は，国王に保持されていた閣議主宰権を掌握し，内閣と議会の責任関係に基づく議院内閣制が整備されるに伴い，政府の形態が明確になり，政府の長として首相が顕在化した．

立憲君主制は，君主を残しながらも，その権力を切り取っていく過程で成立した．権力を切り取った側が，実質的な政治権力を掌握する．君臨と統治の分業である．この分業は，国家元首としては君主，政府の長としては首相と，国家元首と政府の長が異なる人物となることで完成した．

(4) 共和制

国家の統治権力の源泉を君主ではなく，人民に求めるという画期的な転換により成立したのが，共和制である．王権を否定し権力の乗り換えを行うのであ

るから，共和制国家の誕生は革命を伴った．前述のように，宗主国からの植民地の独立という形で王権を拒絶したのがアメリカ革命であり，国王の幽閉・処刑という行動で王権を廃止したのがフランス革命である．

　君主の権力を切り取ることで成立した立憲君主制では，権力を切り取った側と切り取られた側の間の関係のあり方が常に問われる．王権を否定し権力の乗り換えによって成立した共和制には，このような緊張とバランスの関係に悩まされることはない．しかしそれゆえに権力集中の危険があり，これをいかに超えるかが課題となる．

　君主制か共和制かを峻別するのは，国家元首の選出方法である．では政府の長に注目すると，この2つの制度の違いはどのように説明できるのであろうか．

　立憲君主制では，政府の長は，国家元首と別の人間である．別の人物であることは，その地位への選ばれ方も別であることを意味する．君主は国家元首であり続けるので，制度としては君主制であることには変わりなく，社会の側は国家元首の選出には関われない．しかし政府の長である首相は，議会のメンバーであるので，社会の側が議会選挙をとおして選出に関わることができる．

　共和制は，その原型では，政府の長が国家元首と同一人物である．絶対王制を否定した点では，立憲君主制と共通点はあるが，立憲君主制が君臨と統治のそれぞれを別の人間が担当することで確立したのとは対照的に，共和制は，この分業をしなかった．共和制を最初に成立させた近代国家はアメリカであり，そのアメリカが創り出した制度が大統領制である．大統領という国家元首は選挙により選出され，そして大統領は政府の長でもある．国家元首と政府の長は同じ人物なのであり，この点において絶対君主制のもとでの君主との共通点がある．もちろん君主制では国家元首が血統により相続され，社会の側が選出に関われないという根本的相違はある．しかし1人が統治権力を掌握するという点で，君主の語源である mon-arch と共通項があり，「無冠の君主 monarch without crown」（王冠は血統により相続される君主の象徴）と呼ばれることもある．大統領選挙には，国家元首の選出と政府の長の選出の双方が託されているのである．

(5) 共和制国家の建設——アメリカ建国

共和制は，古くは古代ローマ，中世イタリア都市国家，中世スイスの邦などに見られるが，近代国家として初めて共和制を実現させたのはアメリカである．

アメリカ建国は2段構えである．まず，王権からの自由，君主制からの解放を求める独立戦争である．13の植民地が独立を勝ち取り，13の邦(ステイツ states)となった．当時のアメリカの実態は，これらの邦が連合規約 The Articles of Confederation を結び，ゆるやかに連合している状態であり，全体を統括する共通機構に実質的な権限はなかった．独立は達成したものの，独立戦争の戦費の償還や兵士への手当の支払いなどによる財政危機，邦の間の関税障壁，欧州の帝国の脅威など，対応を迫られる課題が山積みで，国家建設(国家政府の創設)の重要性が認識されていた．しかしどのような国家制度とするかについてはっきりしていたのは，君主制以外の制度とすることだけであった．王国ではない国家を創設するのであり，統治権力の範囲を明示し，統治機構の制度を設計するという重要課題がのしかかった．それらを明確化する成文憲法が不可欠であった．

建国の第1段階が独立であるとすれば，第2段階が国家憲法の制定である．1787年アメリカ憲法は，世界初の成文の国家憲法であり，新国家の統治機構の設計書であった．統治機構の設計にあたって2つの大きな課題があった．1つは邦の権限と国家政府の権限の関係である．邦の権限を重視し，ゆるやかな統合を維持したい連合派 anti-federalist と，国家政府の創設に重点をおき，より強固な統合を目指す連邦派 federalist との間での対立を調整・克服しなければならない．もう1つの課題は，共和制を国家制度として実現させるメカニズムである．各邦では，独立後すでに共和政体が実現しており，共和政体こそが最良の政府形態であるとの認識は広く共有されていた．しかし邦をはるかに上回る規模となる国家において，人民の参加をいかに担保し，統治権力の正統性を確保するかが課題であった．国家の政治制度として見れば，第1の課題は連邦制の設計であり，第2の課題は共和制の設計である．双方とも国家の政治制度としては初めての試みであった．その設計書が1787年憲法である．連邦制については第4章で述べることとし，ここでは共和制の設計にあたって，次の2つの点に注目したい．

まず第1は，統治機構についてである．権力分立構造と相互抑制機能をどう組み込むか．立憲君主制は，国家元首と政府の長を異なる人物とすることで一種の権力分立を実現させたが，君主を否定した共和制で，国家元首と政府の長が同一人物という絶対君主制に類似した権力集中がおこる危険性がある．

この問題を解決するためにとられた対応は，徹底した権力分立と，分立させた権力（立法府，行政府，司法府）の間の相互抑制（チェックアンドバランス）である．さらに1人の人間が1つ以上の権力府に属さないことを徹底させた．これは，立法府のメンバー（議員）が行政府のメンバー（閣僚）となる議院内閣制の否定である．

それまで共和主義の前提となっていたのは，人間の「徳」であった．しかし人間の「徳」に期待する統治は危ういものである．人間の「徳」は否定はしないが，人間は欲も野望ももっているという現実主義的認識と，属人的統治・人治ではなく，制度 institution による統治・法治を重視する姿勢が一貫し，徹底した権力分立を実現した統治機構となった．

共和制の設計にあたって注目したい第2は，統治権力への人民の参加についてである．共和政体が人民の政府であることは理解されていたが，身分制をもちこまなかった新大陸アメリカでは，社会のメンバーと認知されている人民の範囲は広い．また，13の邦が集まって国家を創り出すのであるから，社会も大きな規模となる．規模の小さな共同体で一部の限定された人々が統治権力に参加するこれまでの共和政体とは異なる状況である．規模の大きな共同体で，統治権力の正統性を人民主権に求める制度をいかに実現するかが課題であった．これを可能にしたのが代議制であり，さらに代議制を選挙と同義としたのである．人民が直接参加するのではなく，人民の代表が参加するのである．憲法起草に深く関わったマディソンは，人民主権を前提としながらも人民への幻想をもっておらず，民主主義とは一線を画し，デモクラシーという言葉はあまり使っていない．アメリカ憲法が創りだしたのは，共和政体 republican form of government なのである．

第2節　国家元首と政府の長

　君主制も共和制も，国家元首 head of state と政府の長 head of government は同一人物であった．絶対君主制と大統領制である．しかし国家元首と政府の長が異なる人物である場合が出現する．その契機が議会制である．

　立憲君主制が，名誉革命により，国家元首としての君主を存続させながら，議会主権を確立し，議院内閣制を成立させ首相が政府の長となることで，分業が確立したことについては前述のとおりである．

　近代共和制は，国家元首と政府の長が同一人物である大統領制として，1787年アメリカ憲法が創設した．しかしその後共和制には，国家元首と政府の長が異なる場合が生じた．共和制と議院内閣制の組み合わせである．実際の政治権力は議会(内閣)が握り，首相が政府の長である．議院内閣制が定着しているため，大統領制には移行しないが，国家元首としての君主は否定する．

　旧英植民地のインド，ナイジェリアなどは独立とともに宗主国の君主を国家元首とせず，共和制を採用した．これに対しカナダやオーストラリアは，独立後も英国の君主を国家元首としており，立憲君主制である．最近，オーストラリアが共和制への移行を試みようとしているが，議院内閣制を維持しての共和制なのか，大統領制に移行するのかなど，制度の設計が十分でないため，共和制議論が空回りしている感がある．

　旧植民地以外には，戦争などにより君主制が存続できなかったオーストリア，ドイツ，イタリアなどがある．オーストリアは，ハプスブルク家支配の大帝国ののち，第1次世界大戦の敗北によりドイツ系の地域だけが残り，オーストリア共和国は，領土も縮小した残滓国家のような出発であった．ドイツも大戦敗北によりドイツ帝国が崩壊，ワイマール共和国が発足する．イタリアは，第2次世界大戦後，ムッソリーニ・ファシズムとの関係を問われた王室が，国民投票で信任を得ることができず，共和制となった．

　これらの国々には大統領がおり，国家元首である．しかしこれは大統領制の大統領と異なり，実質的政治権力は有していない．国家元首である大統領が社会の側から選出されるゆえに共和制であるが，国家元首と政府の長は別の人物

である．

表 2-1 国家元首と政府の長から見た政治制度

国家元首	君　主		大　統　領	
政府の長	君　主	首　相	首　相	大統領
政治制度	① 絶対君主制	② 立憲君主制 議院内閣制	③ 共和制 議院内閣制	④ 共和制 大統領制

表2-1は，国家元首と政府の長の観点から政治制度を示している．①絶対君主制と④共和制・大統領制において，国家元首と政府の長は同一人物である．②立憲君主制・議院内閣制と③共和制・議院内閣制においては，国家元首と政府の長は別の人物である．②と③は，国家元首が世襲か否かという根本的相違はあるものの，議会が国家元首の権限を規定するという共通点がある．

第3節　君主制と民主主義

(1)　立憲君主制の成立

立憲君主制は，歴史的に見れば数世紀をかけて英国において，王権の制限を目的とする権力の切り取りを行っていった結果，名誉革命による議会主権の確立により成立した制度である．はじめからあるべき姿があったのではない．絶対君主制が当然であった当時のヨーロッパでは，この制度は驚きであり，例えばヒュームはその著作『イングランド史』において，名誉革命後のイギリスの戸惑いを書いている．王と議会の混合政体の出現は，当時の思想家たちに大きな影響を与えた．

しかしひとたび雛型ができると，君主を抱きながら議会勢力が統治するという立憲君主制は，国家の求心力・象徴としての君主と，社会の側から選出された人々が統治するという民主政原則を実現させる政治制度として選択されることもあった．例えばベルギーは，国家建設(1830年)の際，共和制にすることも考えられたが，当時のヨーロッパの状況(フランス革命後の反動，ウィーン体制，民衆や共和制への警戒)から，議会は君主制を選択せざるを得なかった．君主の権限を決めた上で，ドイツから君主を迎えて王室を創った．

英国のように絶対君主制を出発点とし，漸進的に王権を切り取っていった結果誕生した立憲君主制もあれば，ベルギーや北欧諸国のように，はじめから王権が制限されている立憲君主制もある．

立憲君主制には，例えばカナダやオーストラリアのように，独立後も旧宗主国の元首を国家元首とする形態もある．両国には，それぞれ，英国王の代理として総督 governor-general が置かれているが，総督は世襲ではない．マレーシアでは，旧マレー諸州における土着の君主制であるスルタン制を基盤に，国家レベルの君主制を創設している．スルタンは世襲であるが，国王は9人のスルタンから互選で選出されており，直接の世襲ではない．これらの国々は，制度としては立憲君主制であるが，「君主」のイメージは希薄である．「国王」の存在が国民から強く意識されるのは，王室が存在する場合であろう．

(2) 立憲君主制における元首

絶対君主制と立憲君主制の相違の1つが，国家元首と統治責任者が，前者では同一人物，後者では異なることである．立憲君主制では，実質的な統治は政府が行い，元首の仕事は儀礼的なものが多く，また首相(政府)の助言のもとで行動するとされる．では元首は，実際の政治にはいかなる影響も与えないのであろうか．

確かに，元首の権限には，形式的・儀礼的なものが多い．しかし形式的ではあっても，その形式を踏まなければ統治の正統性は確保されない．例えば法律は，議会が可決しても元首の署名を得なければ法として施行できない．また元首は，議会解散や首相の任免など，統治の根幹に関わる権能を有している．しかし権能を有していることとそれを自由に行使することは，異なる次元である．立憲君主制における元首は「君臨すれども統治せず」の原則の上にたっているのである．

君臨と統治の分業をもたらした立憲君主制においても，王の言動が統治に影響を与える場合がある．本来あった権限を切り取られた王が，それを取り戻そうとする動きはある．はじめから王権が制限された立憲君主制であっても，王が国家元首であることをふりかざしその権限の範囲を超える行為に出ることはある．例えばベルギー国王によるコンゴ獲得などである．王の反動は，王の存

在を前提とする立憲君主制が潜在的に内包する課題と言える．

　立憲君主制において元首に与えられた権能は，それが形式的・儀礼的に行使されることが前提となっている．属人的要素が統治に強く影響しないように制度化されているのである．しかしそれを超えて，政治的に使われる場合も起こり得る．党派対立に巻き込まれた形で，首相解任や議会解散を実行したオーストラリア 1975 年危機である．これは元首みずからではなく，その代理人である総督により引き起こされている．それでも立憲君主制の意味を考えさせるのに，十分な事件であった．

(3)　権力を切り取られた側と切り取った側の関係

　立憲君主制がその本領を発揮できるか否かは，権力を切り取られた側と権力を切り取った側が，それぞれの特性を活かしながら社会に臨むことができるかどうかによる．王と議会の混合政体が，肯定的な評価を受けることがあるのは，君主の徳と議会の代表性の双方を有しているからである．権力を切り取られた側と権力を切り取った側は，それぞれが異なるその存在理由に依拠しながら，自律性をもつことから，両者の間には緊張的関係とバランスが要求される．しかし同じように王権を切り取る場合でも，切り取る側の属性が両者の関係を左右する．これを図 2-2 と図 2-3 で見てみよう．

　図 2-2 は，英国の立憲君主制を示している．〇は王権を示しており，それを議会が切り取っている．両者の関係を示す矢印①は，議会から出て君主の方向を向いている．議会が君主のあり方を決める立憲君主制である．図 2-3 は，日本の幕府である．〇は王権を示しており，それが切り取られたのは，図 2-2 と同じであるが，両者の関係を示す矢印②は，朝廷から出て幕府の方向を向いている．征夷大将軍などの任命行為である．この任命を受けなければ幕府のトップとして認知されない．

　王権を切り取った勢力に注目してみよう．英国においては，王権を制限したのは議会勢力である．より詳細に見ると，マグナカルタにおいてはバロン（封建領主），権利の請願や権利章典においては貴族および有産階級となった．社会との接点が，議会勢力の正当性を支えているのであるが，その接点は一部エリートにより代表されていた．産業革命が起こると，ブルジョワのみならず農

民や労働者にも選挙権が付与され，議会と社会の間のチャネルは強化されていった．議院内閣制の確立とともに，このチャネルは，実際の政治権力を行使する政府の長と市民の間のチャネルともなった．

表2-2は，立憲君主制・議院内閣制の成立過程を，権力への挑戦という観点から示したものである．統治権力への挑戦においては，議会勢力が王権からの権力の切り取りを行った．実質的統治権力を掌握した議会への代表制という挑戦においては，王権への挑戦者であった貴族・領主は，挑戦される側となり，社会経済の変化がもたらした新しい勢力が，挑戦者になっている．権力の切り取りにおいては，挑戦される側の力は限定される方向にあるが，権力への参加においては，挑戦者たちが次々と挑戦される側に回ることで拡大の方向にある．統治権力と社会の間に双方向の関係があることが民主政であるとすれば，イギリス名誉革命はこの双方向性を限定的に成立させ，その後少しずつ社会とのチャネルを拡大することで，民主主義体制を強化している．権力への挑戦と漸進的展開が特徴と言える．

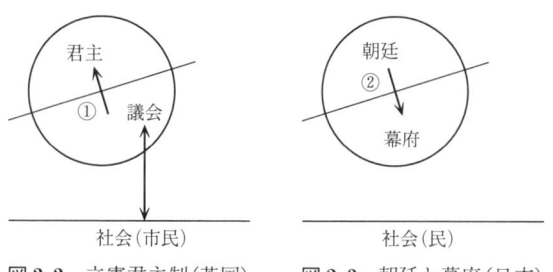

図 2-2 立憲君主制(英国)　　図 2-3 朝廷と幕府(日本)

表 2-2 権力への挑戦(英国)

挑戦の対象	統治権力	議会への代表制	
挑戦の内容	権力の切り取り	権力への参加	
挑戦される側	国　王	貴族・領主	貴族・領主，ブルジョワ
挑戦する側	議　会	ブルジョワ	農民，労働者

日本では，権力の切り取りを行ったのは武士勢力である．しかし彼らの権力への挑戦は，王権に直接向けられていたのではなく，武士世界において頂点にたつことであり，同胞間の闘争から始まっている．その闘争を勝ち抜いた証が，

王権からの冠位授与であり，これが権力の正当性の証左となった．権威と権力の分業であり，社会との接点をもたない政治権力である．政府の長に相当する将軍は，その地位が世襲されることで王朝化した．朝廷と幕府の双方とも社会との接点がないまま，それぞれの長が世襲されるいわば二重の君主制であった．

王権を切り取るという行為の正当性は，権力を切り取った側が，社会との接点や応答性を有することにある．王権を廃してしまう共和制と異なり，王権を残す以上，もう1つの権力が社会との接点を持たなければ，権力間の緊張的バランス関係は成立しない．一方的支配の重複が起こるだけである．

(4) 君主制と民主政

君主制は民主政とは相容れないのであろうか．

この問いへの回答は，ある条件のもとでは相容れる，である．絶対君主制は，君主の一方的統治であり民主政とは相容れない．しかし立憲君主制では，人々は議会に代表を送ることができるので統治権力との間に双方向の関係が成立し，民主政と両立する．

君主制では国家元首が世襲相続され，その選出については社会からのアクセスはない．これは絶対君主制でも立憲君主制でも同じである．しかし立憲君主制では，政府の長は君主ではない．人々は議会へ代表を送り，そこから政府の長が選出されるのであるから，間接的ではあっても人々が選出していることになる．立憲君主制は，君臨（元首）と統治（政府）の分業であり，統治権力と社会の間に双方向の関係が成立していれば民主政である．民主主義・民主政は，統治機構の設計書としての政治制度というより，第1章で説明したように，統治権力の行使の形態に関わるものである．

王（君主）がいたら民主主義体制ではない，君主制では民主政はありえない，と思いこまれがちであるが，必ずしもそうではない．君主制のもとでも，それが立憲君主制であれば，民主政が実現しうる．フランコ独裁後のスペインは，民主化にあたって立憲君主制を選択した．君主がもつ求心力やシンボル的役割が，国家や国民にとって，安定装置として作用することを期待されることもある．

絶対君主制か立憲君主制かは，同じ君主制と名がついてはいるが，その違い

は，共和制と君主制の違いに匹敵するほど本質的なものなのである．例えば軍政や独裁といった圧政や民主主義の否定が共和制下で起こった事例は枚挙にいとまがない．一方，立憲君主制が，民主主義を実現させながら民衆の暴走への制御が働き政治の安定をもたらしうることは実証済みである．

第4節　共和制と民主主義

(1) 統治権の正統性の源泉の変化

図2-4は，統治権の正統性の源泉の変化と政治制度を示したものである．変化の出発点では，統治権の源泉は，君主monarchにあり，王権神授説などにより正当化がされていた状態に対しての2つの挑戦である．

①は王権の切り取りを行ったイギリス名誉革命である．統治権の正統性は，君主から議会へ移った．議会主権である．君主の存在を否定しきったわけではないので，君主は「君臨すれども統治せず」の形式的存在として存続する．統治の実権は議会にある立憲君主制となる．

②は王権を否定したアメリカ独立革命およびフランス革命である．君主の存在を否定し，統治権の正統性を人民peopleに求める人民主権popular sovereignty（③）となる．君主から人民へ統治権力の乗り換えである．人民が国家元首を選ぶ共和制となる．アメリカもフランスも共和制国家を樹立したが，同じ共和制

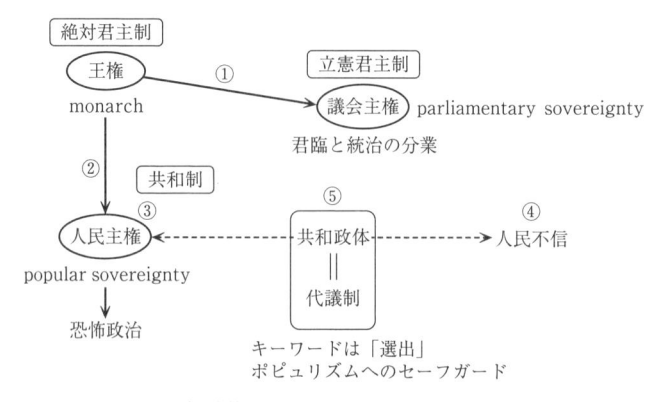

図2-4　統治権の正統性の源泉の変化と政治制度

であっても政治の展開は著しく異なるものとなった．分水嶺となったのは，人民への考え方である．

(2) 2つの共和国──アメリカとフランス

　新大陸における植民地から出発し，その地位から脱出するために宗主国と戦い独立を勝ち取ったアメリカが創り上げた共和国と，旧大陸における長い歴史のなかで定着した絶対王制を国王幽閉・処刑という手法で打倒したフランスが選択した共和国は，どのような違いがあるのであろうか．

　最大の相違は，共和制成立への民衆の関与であろう．アメリカの場合，人民に統治権力の正統性の源泉を求める人民主権の主権概念をとりながら，共和制成立に民衆の影は濃くない．憲法の批准を促すべく憲法の内容についてさまざまな説明をしている『ザ・フェデラリスト』では，民衆への不信（図2-4の④）すらうかがわれる．欲望や野心に満ち粗野で利己的な人々，そのような人々が仲間や派閥をつくり，権力を掌握しようとする．人民による統治がもたらすであろう腐敗は，君主の専制に匹敵するほどの悪であるとされている．しかし統治権力の正統性の源泉は人民にあると繰り返し述べられている．

　神にも王にも統治権の源泉を求めることを否認した以上，統治権の正統性の源泉は人民に求めるしかない．人民主権と人民不信である．これらは一見相容れない．それを結びつけたのが，共和政体である．図2-4で示したように，人民主権（③）と人民不信（④）は対立（点線の両矢印）しているが，それを共和政体（⑤）がつないでいる．血統で相続される君主制との対比において，国家元首を人民が選ぶ共和制であり，そして人民の政治への参加において，代表を選ぶことで参加する形態，すなわち代議制である．「選出」がキーワードとなっている．人々が皆直接参加してものごとを決めるのが民主主義だとすれば，目指すべきは民主主義ではなく，人々が代表を選びその代表がものごとを決める共和政体であると繰り返し説いている．共和制以外の選択肢をもたず，当時のエリートたちは共和政体の重要性と必要性を重々に認識し，英知を結集し共和制国家の制度を設計していった．

　アメリカの共和国建設がエリートの熟考の結果だとすれば，フランスの共和国建設は民衆の勢いの結果と言えよう．1789年の革命は王権打倒・共和制樹

立を目指したものではない．1791年憲法は立憲君主制を規定している．この段階で革命が終息しなかったのはなぜであろうか．王権は制限するが廃止はしない立憲君主制擁護派は，王権廃止・共和国樹立派に追われ，共和国派にも対立が起こる．フランス革命は革命推進のアクターがめまぐるしく入れ替わりながら展開した．革命初期のフランスが人民に対して肯定的であったのは，革命を進行させたのが人民であるからである．国王の逃亡，対仏包囲網による食糧不足などが火をつけた民衆の怒りは強かった．共和制の成立に民衆は深く関わったのである．しかしそれは流血の応酬を招き，恐怖政治となった．結局，フランス革命はナポレオンという独裁者を生み出すことで終息する．

　フランスが，英国における立憲君主制の成立とも，アメリカにおける共和制の成立とも，異なる歩みをとることになったのは，大陸ヨーロッパに位置しているという地理的理由，それに起因するフランス王室の対応(外国と結託)，議会の未成熟さなどによるところが大きいが，両国のような人民不信がなかった点も大きい．王権の制限は，結局，国王の逃亡→国王の幽閉・王権停止を経て，そこで止まらず，国王処刑にまで至った．

　王国の廃止は，国民国家を生み出すことになった．王がいなくなれば，王権に変わり国の枠組を規定するものが必要である．国家の領域(国境)を画定し，その境界より中にいる人々を，国民とする．さまざまな地域性があり言語も文化も異なる人々を，国民というカテゴリーに包括する．パリのフランス語を国語とする．革命理念の「法の下での平等」は，法の適用(行政)の平等となり，パリにある議会ですべてを決め，それを全国津々浦々で画一的に執行するために，知事を任命する．

　革命以降約1世紀の間は，数多くの憲法を制定し，さまざまな政治形態を経験している．王権の否定→共和政(ジャコバン独裁，総裁政府，統領政府)→帝政(ナポレオン)→王政復古(ルイ18世)→7月王政(ルイ・フィリップ)→共和政→帝政(ナポレオン3世)→共和政，である．権力に就けるのも，権力から引きずりおろすのも民衆であった．共和制が定着したのは，第3共和制以降である．

(3) 民衆と民主主義

　アメリカの建国者たちは，人間の徳を過信せず，民衆一般に対して不信すら持っていた．しかし君主制という制度を否定することが出発点であり，また身分制度も否定するなか，人民主権に統治の正統性を求めざるを得ない現実にも直面していた．

　独立宣言から憲法制定までの約10年は，邦において，君主制ではない新しい政治形態，すなわち共和政体を経験することができた．13の邦が創り上げる国家を，共和国とする制度設計において課題となったのは，共和政体を，邦と比べて格段に大きな規模の国家においていかに実現するかであった．

　人民主権の理念をもちながら，国政への民衆の直接参加は想定しなかった．直接参加自体を否定したわけではない．タウンミーティングなど，身近な共同体レベルにおいては，直接参加型が普及しており，それは継続した．邦の自治権をベースに，国家政府を創り上げる連邦的統合の手法をとることにより，邦と連邦という二層の政府構造となる．このような構造においては，規模のもっとも大きな連邦議会に対して，民衆が直接参加するのではなく，その代表を送る代議制が正当化された．

　フランスでは，民衆の急進性が，国王の処刑や恐怖政治といった流血の惨事を招いたことから，周辺諸国は民衆への警戒を強め，保守化した．ウィーン体制により旧秩序をとりもどしたヨーロッパであったが，しかしフランス革命の自由主義思想をひとたび経験したヨーロッパ社会は，権威主義的保守体制への反発を強め，1848年にはあちこちで火花が上がった．上からの一方的統治に対する社会側の反撃には，自由主義革命のラベルがつけられ，民主主義革命とは呼ばれなかった．それでも社会側から統治権力へ向けての何らかの形でのアクセスを得ようとするものではあった．

(4) 共和制と民主主義

　共和制は，王権を否定し，統治権の正統性を人民に求めており，その意味では，民主的な制度である．しかし民衆の暴走や，権力掌握者による独裁が起こりうることは，否めない．君主制が専制君主による圧政をもたらしたことは歴史を見れば明らかであるが，共和制のもとでの弾圧も枚挙にいとまがない．君

主制をとる国家の多くが立憲君主制であることを考えると，君主による支配はなく，また君主の「徳」という属人的要素に依存する政治もない．君臨と統治の分業と，それぞれを別の人が担当する権力分立が制度化されたからである．

　共和制が，統治権力という装置（車）から君主をひきずりおろすという「革命」により成立した「暴力的」機構であれば，車の乗り手を引きずりおろして自分こそはと乗り込もうとすることが起こりやすいのは否定できない．君主という血統がなくとも，車に乗れるからである．民衆の支持を得ることで正当な手続きを経て権力掌握者になることも，あるいは軍の武力を背景に強いリーダーとして認知させることもできるのである．一般人が権力掌握者になれるのであるから，野心に満ちた人間が，車の乗り手になるための闘いを繰り広げる．内戦は共和制において起こりやすい．ひとたび権力の座についたら，それを保持するために，憲法を停止し，独裁となることもある．統治というより支配である．君主の血統はなくとも，新たな元首職を創りそれを血統により相続する王朝化も起こる．まさに無冠の君主制である．

　共和制は王権を否定し，人民主権にその正統性を求め成立した制度であり，統治権力と社会を強くつないでいることは事実である．しかしそれが民主政を自動的にもたらすのではない．前述したように，人民主権ゆえの内戦や権力掌握者による人民への圧政や弾圧が起こることもある．君臨と統治の権力分立が立憲君主制を成立させ，君主制と民主政の両立を可能とした．君臨と統治の権力分立が行われない共和制において民主政を担保するのは，統治権力を徹底的に分立させることで，支配者を出現させないことであろう．

第3章

立法権と行政権 ── 議会と政府の関係

　国家と社会の間に双方向の関係が成立していることが民主政である．社会の秩序を担保するのが拘束力のあるルール（法律）であり，ルールを課される側がルールをつくる場に参加することで双方向となる．この双方向の関係は，それまで統治権力から一方的に課されていた支配の状態から脱し，社会側から統治権力に向けてのチャネルが確保されることにより成立した．このチャネルを具体的制度としたのが議会選挙である．

　民主主義体制か権威主義体制かを区別する本質的基準は議会選挙である．だからこそ，権威主義体制から民主主義体制へ移行するとき，すなわち民主化の第一歩として行われるのが議会選挙なのである．カンボジア，アフガニスタン，イラクなど，まず議会選挙の実施が民主国家建設に向けての礎であった．しかし選挙さえすればいい，というわけではない．選挙は明確なルールのもとで，公正に行われなければ，民主的正統性は得られない．それゆえに，国際社会は選挙監視に協力するのである．

　立法権を行使する議会は，定期性と競争性のある選挙により議員を選定することで，合議体としての民主的正統性を有する．では，行政権を行使する政府は，どのように形成され，その民主的正統性はどこに求められるのであろうか．また立法過程において行政府はどのような関わりをもっているのであろうか．

> **Keyword**
> 行政権の民主的正統性，政権の形成，政府の長の選出，責任政府，内閣，閣僚，与党と野党，政権交代，立法過程への参加，権力分立

第1節　行政権の民主的正統性

(1)　議会選挙 —— 民主主義の必須要件

　民主政の基本は，社会の秩序を担保する拘束力のあるルールを課される側が，そのルールづくりに関われることである．関わり方には，ルールの適用を受ける全員が参加しルールを決定する直接的な形態もあれば，ルールづくりの場に送る代表を選ぶという間接的な形態もある．参加の形態は異なるが，重要なのは，ルールメーキングの場への参加が保障されていることである．

　参加の形態として定着しているのは代議制であり，参加の保障は，議会選挙として制度化されている．立法府の役割は，ルールづくりであるから，議会選挙は民主主義の必須要件となる．正統性の確保が不可欠なのが，立法権なのである．

　行政権を行使する人たちは必ずしも選挙で選出されない．しかしそれを非民主的とは言わない．行政府と国民の間の双方向性はどうなのであろうか．

(2)　政府の長 head of government の選出方法

　前章で述べたように，統治権の源泉が王権にあるか人民にあるかが，君主制国家か共和制国家かの違いである．しかし立憲君主制の成立がもたらした「君臨と統治の分業」により，君主制か共和制かを決める基準は，統治権の源泉よりも，国家元首の選出方法に求める方が的確となった．すなわち君主制では国家元首は血統で選出され相続されていき，共和制では社会が選び交替していく．

　では，政府の長(行政権の長)の選出に焦点をあてると，どのように政治制度の違いを説明できるのであろうか．王権への挑戦が創りだした2つの政治制度は，政府の長の選出においても，画期的である．まず王権を否定し君主を廃した共和制国家を初めて実現させたアメリカは，大統領制を創設することで，元首であり政府の長である1人の人物を一般の人から選出することになった．一方，王権を制限し議会主権を確立することで立憲君主制を創りだした英国では，君主は元首であり続けるが，政府の長は議会から選出することになった．

　これを国民との関係から見ると，大統領制では，国民は行政権の長を直接選

出し，議院内閣制では，国民は行政権の長の選出に直接関わらない．選挙の観点から見れば，大統領制では，議会選挙と行政権の長の選挙という2種類の選挙があり，議院内閣制では議会選挙だけである．議院内閣制において行政権の長への国民の関わりは，議会選挙を通してのことになる．第1章でも注意を促したが，政府の長を国民が直接選出する大統領制を直接民主政，議会を通して間接的にしか選出しない議院内閣制を間接民主政と言うむきがあるが，これは間違いである．直接民主政か間接民主政かは，決定(立法権)への関わり方が，直接か間接かであり，行政権の長の選出への関わりではない．

(3) 政権の形成

行政権の長は国民の直接選挙で選出される場合と，そうでない場合があるが，行政権の長が選挙で選出されることは，民主主義の必須要件ではない．しかし議会選挙は必須要件である．行政権の長が国民の直接選挙で選出されない場合，国民と行政権の関係が断絶しないために，議会がその中継の役割を果たす必要がある．

議会と行政権の関係は，政治制度を特徴づける重要な要素である．表3-1は，議会と行政権の関係を，①議会は政権の形成に関わる，②議会は政府の長を選出する，の2点において示したものである．議会と行政権の関係を独立変数として見ることも，政治制度を独立変数として見ることもできる．

行政権の長が国民の直接選挙により選出され，議会は政府の長の選出に関わらないのが大統領制である．大統領制においては，議会は政権の形成についても直接関わらない．アメリカ大統領制においては，議会は閣僚候補の承認権を有しているが，これはチェック機能である．閣僚は，大統領の閣僚であり，議会や国民に責任を負わない．議会と行政権は，それぞれ自律している．

これとは対照的に，議会と政権の間に密接な関係があるのが議院内閣制である．議会(下院，すなわち選挙で選出される院)の選挙でもっとも多くの議席を獲得した政党の党首が，首相(政府の長)となる．閣僚を選ぶのは首相であり，内閣の構成という意味での政権の形成には，議会が直接関わるわけではない．しかし，政権そのものの存立基盤は議会にあるのだから，議会は政権の形成に直接関わっているとも言える．また議会は政権の存続も左右する．政権(内閣)

の寿命は，議会選挙から次の選挙までである．下院議員の任期の間であっても，議会が内閣不信任案を可決すれば，政権は崩壊する．内閣総辞職か，議会解散選挙により，次の政権が樹立される．統治権力と国民をつなぐ選挙が議会にのみ行われている議院内閣制では，議会が行政権に対して責任をもつことで，国民の信託を行政権につないでいるのである．

表3-1　議会と行政権の関係

議会＼政治制度	大統領制	議院内閣制	参事会制
① 政権の形成に関わる	×	○	○
② 政府の長を選出する	×	○	×

議会と政権の関係は，大統領制では自律的，議院内閣制では相互依存的である．一方，表3-1からわかるように，議会は政権の形成に関わるが，政府の長の選出には関わらないという制度がある．スイスの連邦参事会がとっている同輩合議制 collegial system である．議会は政府の長の選出に関わらない，すなわち政府の長は自律的に選ばれる点においては，大統領制に類似している．また共和制であり，政府の長は国家元首でもある点において，大統領制との類似性は強い．しかし政府の長は，直接選挙で選ばれるのではない点において，大統領制とは決定的に異なっている．選挙は議会選挙だけであり，政権の形成が選挙の結果に左右される点において，議院内閣制との類似性がある．

また，政府の長という観点から見れば，参事会制の特徴がよくわかる．スイス連邦参事会(内閣に相当)では，政府の長(国家元首を兼ねる)は，連邦参事会を構成するメンバー(閣僚)の互選により選出され，1年任期の輪番である．閣僚は議員ではない．詳細は後述するが，多極共存型民主主義 consociational democracy を具現しているのが連邦参事会であり，同輩合議制に重要な意味がある．大統領制においても議院内閣制においても，政府の長は個人としてビジブルな存在であるのに対し，スイスでは政府の長(元首でもある)を，個人として目立つ存在としないことを制度化しているのである．

表3-2は，国家元首とその選出方法，政府の長とその選出方法，および国家元首と政府の長の関係を，政治制度とともに示したものである．議会と行政権の関係を，政権の形成および政府の長の選出に焦点をあてて示した表3-1と合

わせてみると，行政権の民主的正統性の源泉がわかる．元首と政府の長が同一人物で，国民の選挙により選出される大統領制においては，大統領が行政権の民主的正統性を具現している．議院内閣制と参事会制では，政府の長は国民による直接選挙で選出されない．しかし政権は，選挙で選出される議会をベースにしており，そこに民主的正統性を見いだせる．

ここで分類された3つの政治制度のそれぞれについて，より詳細に見てみよう．

表3-2　国家元首と政府の長

	議院内閣制		大統領制(アメリカ)	参事会制(スイス)
国家元首	君　主	大統領	大統領	大統領
選出方法	血統による相続	議会による選出	国民の選挙による選出	参事会構成員の互選・輪番
政治制度	君主制	共和制	共和制	共和制
政府の長	首　相		大統領	大統領
選出方法	議会多数派から選出		国民の選挙による選出	参事会構成員の互選・輪番
国家元首と政府の長	異なる人物		同一人物	同一人物

第2節　議院内閣制

(1)　責任政府

責任政府 responsible government という言葉は，政府は政府が関係することに責任があることを意味すると思われることもある．政策を国民に説明する責任，国民に対する政権運営の責任，大臣(行政官庁のトップ)としての閣僚の責任など，説明責任 accountability や応答性 responsiveness といった概念まで含んで使われることもある．しかしここで言う責任政府とは，議会と行政権の相互責任関係のことである．

よりわかりやすい説明は，植民地と宗主国の関係で行うことができる．責任政府という言葉がとりたてて使われたのは，英国の植民地統治においてである．英領では植民地議会はあっても，実際の統治は英本国を代表する総督が行って

おり，植民地議会と統治権の間には何の関係もなかった．議会は選挙により選出されるという民主的正統性を備える機関であっても，そこで決められる事項も少なければ，決めてもそれを執行するための財政措置は決められなかった．最終決定権は本国議会が有するなかでは，植民地議会の決定の効力は無いに等しく，本国政府の決定を執行する植民地政府（総督府）の権限は絶大であった．図3-1が示すように，植民地統治権を行使する植民地政府と，植民地の人々が選出する議会の間は断絶しており，統治権力と社会の間には双方向性はなかった．植民地人の不満は，議会と統治権力の間の断絶に向けられた．

　アメリカは英国と戦争することで独立を達成しこの不満を解消した．カナダでは，フランス領から英領となった後の1791年，植民地議会が設置され，図3-1のような植民地統治となった．1837年に反乱が起こり，植民地の反乱＝独立かと英国政府を震撼させるが，反乱の原因は，植民地政府の寡頭政，つまり議会が軽視され，総督とその側近（任命制の評議会）が実質的統治を行っていることへの不満であった．英国は，1848年に責任政府を認めた．図3-2で示したように，植民地議会と行政権が内閣を介在して連結された．議会と行政権がつながることで，統治権力と社会の間には双方向性が成立した．これにより，植民地であることには変わりないが実質的には自治政府となった．

　植民地における責任政府の成立には，英国本国で王権の一方的支配に挑戦しながら議会主権を確立し，行政権を獲得していった経験が反映されている．それは議会と行政権をつなぐこと，行政権は議会を通して社会へのチャネルをも

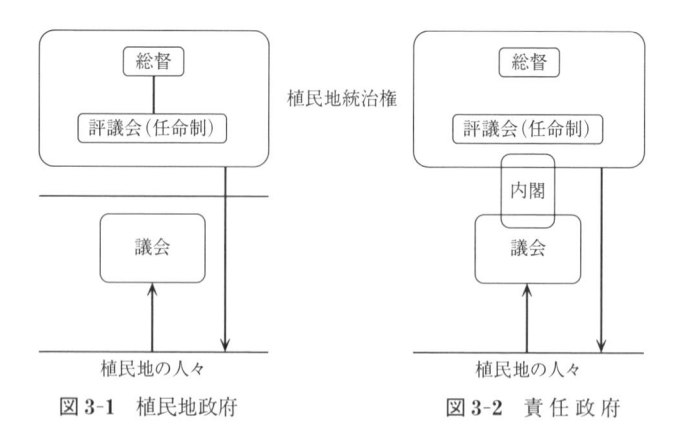

図3-1　植民地政府　　　　図3-2　責任政府

第2節 議院内閣制

つことである．政権の形成と存続を議会に負う議院内閣制とは責任政府そのものなのである．

議会選挙は民主主義の必須要件であるが，それだけで民主的統治は実現しない．図3-1に示した植民地政府の状態は，植民地でなくとも起こり得る．例えば，明治政府やドイツ帝国を見よう．明治維新は，朝廷と幕府という権力の二元構造を廃したが，統治権力と社会の間に双方向のチャネルは成立させなかった．自由民権運動や民選議員設立建白書(1874年)が議会の開設を要求，明治14年の政変(1881年)で10年後の国会開設が約束され，1889年に衆議院議員選挙法が公布，翌90年に第1回帝国議会が開催された．憲法制定公布は1889年である．1885年に内閣制度が発足しているが，これは議院内閣制とは無縁の内閣であり，貴族院・藩閥政府による権威主義体制を，衆議院選挙の前に確立させるためのものであった．図3-1そのものである．大正期に入り，政党内閣の成立(1918年)，普通選挙法公布(1925年)，選挙で選出される衆議院の多数派が内閣を組閣する「憲政の常道」が実現し，図3-2に近くなるが，満州事変が起こり，図3-1の状態にもどってしまった．

明治政府が統治の雛型としたドイツ帝国(1871-1918年)は，22の領邦と3自由都市から構成されていたが，1構成単位であるプロイセンが帝国の皇帝と宰相を輩出，領邦を代表する機関である参議院においても優位にあった．普通選挙に基づく帝国議会があり一見民主的であったが，現実はプロイセンによる専制であり，図3-1の状態であった．

このように，植民地でなくとも，図3-1の状態は起こりやすい．権威主義体制と民主主義体制を区別する基準は議会選挙であるとされるが，単に議会選挙が行われていれば民主主義体制であるとは言い切れないのは，図3-1のような状態があるからである．議会選挙は民主主義の必須要件であるが，行政権と社会の間にも双方向性が必要なのである．この双方向性は，行政権の長を直接選挙で選出しない場合は，図3-2のような責任政府により実現する．議院内閣制は責任政府なのである．

議会と行政権の関係から見た議院内閣制の最大の特徴は，このような責任政府制にある．選挙は議会選挙だけであり，行政権と国民をつなぐためには，行政権と議会の間に密接な関係がなくてはならない．議会選挙の結果の議会勢力

図が政権の運営に影響し，政権の形成は議会多数派に，政権の存続は議会多数派の支持に負うシステムである．議会の支持を失い不信任案が可決されれば，信任されない政権(内閣)は総辞職するか，議会を解散し選挙へとつなぐ．行政権が議会をとおして国民に責任を負っているのである．

(2) 内 閣 ── 強い政府を実現させる議院内閣制の中核

責任政府の中核となっているのが内閣である．図 3-3 は，議院内閣制における立法府と行政府の関係を示している．

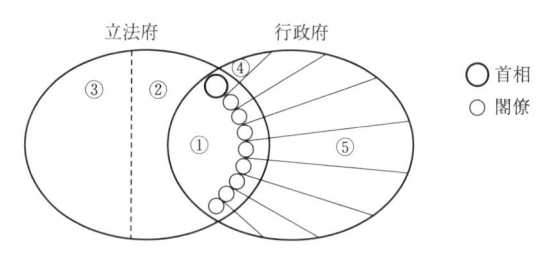

図 3-3 議院内閣制における立法府と行政府

重なっている部分①が内閣である．内閣の構成員(閣僚)は，立法府のメンバーであると同時に，各行政官庁のトップ(大臣)の地位にある．内閣内の○は閣僚を示しており，⑤で示した行政府内の細分化は各省庁を示している．④は首相を支える行政組織(中枢機関)で，日本では内閣官房がその代表である．立法府に目を向けると，①②は与党，③は野党である．前者は議会多数派を形成している．

図 3-3 からわかるように，議院内閣制では，政権(内閣)は行政権と立法権が重なる部分に成立している．大統領制(アメリカ)のように行政権だけしかもたない政府とは対照的に，強い政府となっている．

議院内閣制が強い政治制度として機能するのを支えているのは，次の3点である．まず第1は，議会における与党の強さである．与党が議会定数の過半数の議席を有していれば，不信任案が可決されることはまずない．このような多数派政府であれば，野党の反対があっても，法案の成立は円滑であることから，政策の実効性は高い．

第2は，与党と内閣の関係である．内閣が統治権の中枢となるのは，前述の

第1の点に加えて,与党幹部が入閣し,与党と内閣の関係が内閣において強化されているからである.与党幹部は,閣僚として政権の運営に直接関わる一方で,閣僚ではない与党議員(バックベンチャー)との関係にも留意する.党首(首相)や閣僚が党の求心力となる.

　第3は,閣僚の資質である.内閣が統治権の中枢として機能するかどうかは,実際に内閣を構成する閣僚の質に依るところが大きい.内閣の構成員である閣僚は,与党の議員でもあり,行政官庁の長でもあるが,何よりも立法権と行政権の重なりを具現する合議体の内閣の一員であることの見識が不可欠である.

(3)　議院内閣制の制度と運用

　これら3点は,議院内閣制が制度の理念に沿って機能するために必要な要素である.逆に言えば,これら3つの条件が満たされていなければ,議院内閣制という制度は「正しく」機能しない.それぞれの点について,その理由を説明してみよう.

　まず第1は議会における与党の強さについてである.議院内閣制では選挙(国民の政治参加)は議会選挙だけなので,政権の形成はこの議会選挙の結果を反映して行われなければ,政権は民主的正統性を持ち得ない.政党は,どれだけの議席を獲得できたかで,与党となるか野党となるかが決まる.問題は,1つの政党が過半数の議席を獲得できない場合である.このような場合,第1党(もっとも多くの議席を獲得した政党)には2つの選択肢がある.1つは,あくまでも過半数の議席を目標として他の政党と組む選択である.与党が複数政党から構成されるので連立政権となる.いま1つは,他の政党と組まず,過半数の議席を持たない少数与党として政権を形成する選択である.単独政権の少数政府 minority government となる.2004年選挙で成立したカナダ自由党政権は,少数政府となった.少数政府の問題は,内閣不信任案が可決されやすい状況におかれ,不安定な政権であることである.

　連立政権の場合の問題は2つある.まず統治権力と社会の観点からは,選挙の時点で,どの政党と組んで政権を構成するかがわからない場合,政策綱領の実現や政権の民主的正統性にやや陰りが出る.カナダで連立政権よりも少数政府が選択される理由はここにある.選挙制度との関係もあるが,単独政権はあ

り得ず連立政権が常態化しており，かつ政党の組み合わせがほぼ一定している場合は，有権者はそれを理解した上での投票行動となるので，この限りではない．ベルギーやオランダなどである．

連立の第2の問題は，政権の安定についてである．他党と組むことで多数派与党となり連立政権を形成するのは，政権の安定のためであるが，一部の政党が連立から離脱すれば少数与党に転落する．連立からの離脱は政権運営への不満が原因であることが多く，野党となった離脱政党は内閣不信任案を出しやすい．連立ゆえの短命政権は，フランス第3共和制では常態化していた．フランスが第5共和制において，議院内閣制から離れ，大統領制を加味したハイブリッド型(後述)へ移行するのは，議院内閣制がデザインする「強い政府」を実現させることができなかった第3共和制期の経験が影響している．

議院内閣制が「強い政府」を実現させる政治制度として機能する第2の条件は，内閣が統治権の中枢として機能することである．内閣と与党の関係において，逆にこれが問題として提起されるのは，統治権の中枢が内閣でなく与党にある場合，あるいは政策決定過程が与党と内閣の二元的並立の場合である．党幹部が入閣せず党に残り，政府に対して優位に立とうとし，政府と与党が対立するのは，国民から見ればわかりにくい政治運営であり，また政界・政党という内輪の世界での権力争いに見える．

図3-4は，民主的正統性の流れを示している．①の段階は，政権をとった場合にはどのような政策を実施するか，各政党がそれぞれの計画(マニフェスト)を示し，国民の支持(票)の獲得に向けて競争する．選挙の結果第1党となった政党は，政権を形成する(②)．議院内閣制では，国民の政治参加(選挙)は議会選挙だけなので，その結果を行政権につなぐこと(①から②へ)が民主的正統性を確保する基本の流れである．与党が生み出した政府(内閣)は，行政組織のリソース(官僚)を駆使して政策を策定する(③)．この③の段階に，与党が強く介入することが，党と政府の二元性を生み出す．①の段階で示された政党のマニフェストは，与党となることで政府の計画となり，与党がつくりだす政権(②)が，政府の政策として実現可能な形に作成(③)する．それを議会において法定(④)するのが与党の役割であり，それを政策として実施(⑤)するのが政府(行政官庁)である．国民はこの一連の流れや実施された政策の結果などを評価し

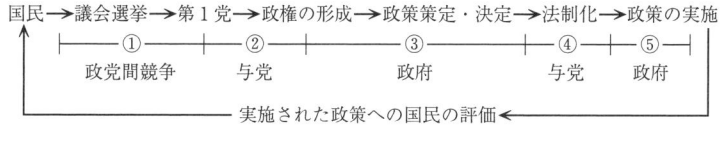

国民→議会選挙→第1党→政権の形成→政策策定・決定→法制化→政策の実施
　　　　├──①──┼──②──┼──③──┼──④──┼──⑤──┤
　　　　　政党間競争　　与党　　　　政府　　　　与党　　政府
　　　　　　　　├──実施された政策への国民の評価←──┤

図3-4　民主的正統性の流れ

　党と政府は，それぞれの段階でどちらが主役となるかの役割分担がある．②と④は党しかできない．⑤は政府の仕事である．問題となるのは③の段階である．この段階の主役は，与党が創りだした内閣であるのは，議院内閣制の基本である．しかしこの段階で，党が主役になろうとし，内閣よりも優位に立とうとしたり，内閣に強く介入したりすると，議院内閣制の機能が弱体化するのである．

　議院内閣制が「強い政府」を実現させる政治制度として機能する第3の条件に，閣僚の資質をあげた．内閣が統治権の中枢として機能するには，その構成員である閣僚が，何よりも立法権と行政権が交差する合議体である内閣の構成員であることを自覚した言動をとらなくてはならない．閣僚としての見識が問われるのは，次の2点においてである．まず議員の個人プレイである．これは閣僚に限ったことでなく，議院内閣制にとって重要な問題である．与党議員が与党であることを理由に行政府に注文をつける．これは本来は内閣主導を意味する政治主導の誤解釈(政治家主導)と議院内閣制の誤解釈(議員内閣制)である．分野が特定され，議員が行政官庁や関連利益集団との関係を強め(いわゆる族議員)，内閣をとおさない政策形成に強い影響力を行使するのは，与党と野党(government and opposition)をベースとする議院内閣制の展開にマイナス要因となる．とりわけ閣僚が議員個人の信条にもとづく言動をとることで，閣内不一致が露呈すれば，政権の存続に関わる問題となる．

　閣僚の見識が問われる第2は，自身が大臣を務める行政官庁との関係である．官僚制に取り込まれ，省益代弁者となってしまっては，議院内閣制が託した総合中枢機能を内閣は果たすことができない．

　議院内閣制が強い政治制度であることを示した例，あるいは議院内閣制であることが最大限に活かされた例として，カナダのクレティエン政権の財政再建

をあげたい．クレティエン自由党は，1993年選挙で保守党を破り政権の座についた．政権交代時には基礎的収支すら赤字であった財政を，1998年には予算収支を黒字に転化させた．財政再建の手法は徹底した歳出削減であった．歳出削減は増税以上に困難な財政再建手法である．そのような手法による財政再建を成功させたのは，削減を決め実行した内閣・閣僚である．再建への足がかりとなった1995年度予算は，大幅な歳出削減であった．閣僚は自身が大臣を務める省庁の予算が半分近く減り，3割の人員削減をしなくてはいけなくなっても，省を守ることよりも，政権を，さらにはその政権を選んだ国民と国家のために，削減を履行した．2004年選挙にあたり政界を引退した当時の閣僚たちが，閣僚としての決断の重さと厳しさを語っている．

　クレティエン自由党は，選挙において財政再建の計画を「レッドブック」として明示し，政権獲得と同時にそれを実行に移し，1997年度決算は28年ぶりの黒字となった．議会における与党勢力の強さ，党首である首相のリーダーシップ，政権の最高意思決定機関としての内閣，閣僚たちの閣僚としての自覚が，議院内閣制という制度を最大限に機能させた．同じカナダでも，前政権（マルルーニ保守党）は，とりわけ閣僚たちの見識の無さが，政権への支持を浸食していき，1993年選挙では大敗北となった．保守党は1984年選挙で勝ち政権党となったが，それまで1979年から80年にかけての約10カ月（少数政府であったので短命）を除く約20年が野党であった．政権から3期以上離れると，党内には政権経験者がいなくなり，政権運営の基本が次世代に継承されないと言われる．マルルーニ政権は，政治家としても経験が浅い閣僚が多く，その言動が問題となることもしばしばであった．同じ国で同じ政治制度であっても，国家運営の成否を左右するのは，閣僚の質であることの証左と言えよう．

　閣僚の要件は，議員としての再選よりも，政権の決断を優先させる覚悟を備えていることであろう．党内力学に翻弄され，省益代表者となるような閣僚では，議院内閣制は，制度が備える政府の強さを発揮できない．

　議院内閣制において政府の長が首相でありそれが民主的正統性を備えているのは，与党党首であるからである．党首となるまでには，党においての党首選に勝ち抜き，党首となれば国民に首相候補として認知されるべく総選挙をリードし，党を政権党にする．総選挙を制することが，与党と党首の民主的正統性

の源泉である．その党首が政府の長として組閣する．内閣の構成員である閣僚は，大臣として行政官庁のトップにたつ．政策の専門家集団としての自負に満ちた官僚制であっても，官僚は非選出 (non-elected) の公務員である以上，民主政の正統性を付託されているわけではない．行政府に民主政の正統性をつなぐのは，内閣・閣僚なのである．

(4) 野党の重要性

　議院内閣制は強い政府を実現させることができる制度であり，そのためにはどのような条件が必要であるかを，与党に焦点をあてて論じてきた．議院内閣制は，議会選挙を制した政党が政権を創りだす制度であるならば，政権担当の可能性をもつ政党が複数存在し，政権交代の選択肢があることが社会にとって重要である．選挙は定期性だけでなく，競争性をもたなければならない．選択肢がない選挙は，民主的正統性を備えているというアリバイづくりだけの選挙にすぎない．一党独裁の共産主義諸国における選挙は，候補者1人で追認行為にすぎなかった．

　複数の政党が存在していても，政権党となる党がつねに同じである一党優位体制は，有権者にとって政権の選択肢がないことから，一党独裁に近い状況である．ただたんに複数の政党があればいいのではない．政権交代の可能性がないことが問題なのである．「強い野党」が議院内閣制を，「民主的」に機能させる要件となっている．

　政権交代の可能性を実感させる野党の存在が，与党に緊張感をもたせるのである．政党間競争がなければ，議会に政権の存立と維持を負っている議院内閣制において，政権運営の安定度は抜群である．しかしこの安定は，政権党としての安定であり，政権をめぐっての他党との競争がない代わりに，与党内での競争が顕在化する．与党内での競争は，与党であるだけに権力に直接結びついており，激しい権力闘争となる．有権者に向かって開かれた競争でなく，社会と切り離された政界のなかで，内輪の常識と内輪の手法がまかりとおる闘争となる．党内に派閥ができ，派閥はミニ政党のようになり，与党はミニ政党連合体のようになる．主流派閥はミニ与党，それに反対する派閥がミニ野党となり，与党内での競争が激化する．野党の存在が議院内閣制を民主的に機能させる要

件であるのは，政権交代という選択肢を国民に与えるからである．与党内の派閥抗争は，内輪の権力闘争にすぎないばかりか，議員の個人主義を助長し，議院内閣制を浸食するものとなる．

前述したように，議員の個人主義がとりわけ問題となるのは，閣僚である．派閥抗争は，閣僚ポストを権力の道具とし，適材適所よりも権力維持のための配置となり，閣僚の入れ替えも常態化する．入れ替わりの激しい大臣と，入れ替わらない官僚制では，大臣は，政策決定のイニシアティブをとれないばかりか，行政官庁の省益代表者となってしまう．

議員の個人主義を超えて与党というまとまりを支えるのは，共通の敵としての強い野党なのである．

第3節　大統領制

(1) 共和制・大統領制 ── 議院内閣制と大統領制の違い

議院内閣制と大統領制を峻別するのは，行政権の長（政府の長）の選ばれ方である．前節で検討したように，議院内閣制では，行政権の長である首相は，議会多数派から選出される．選挙は議会選挙しかなく，行政権と国民をつなぐのは，責任政府制である．これとは対照的に，大統領制では，行政権の長は，国民の選挙により選出される．議会を介さず，行政権は直接の民主的正統性を有するのである．

議院内閣制と大統領制の違いは，これだけではない．表3-2にもどってみよう．議院内閣制では，国家元首と政府の長は異なる人物である．大統領制では，国家元首と政府の長は同一人物である．つまり大統領を選挙するというのは，国家元首と政府の長を兼ねる1人の人間を選ぶことなのである．

ここで注意しておきたいことは，大統領と名がつく大統領がすべてこのような大統領ではないことである．大統領は，議院内閣制でも存在する．例えばドイツやインドの大統領は，国家元首としての大統領である．

議院内閣制なのに共和制で大統領がいるとなると，ますます混乱しそうである．図3-5は，共和制における議院内閣制と大統領制を，国家元首，政府の長，国民による選挙などから図式化し示したものである．この図からわかるように，

共和制・大統領制の大統領と，共和制・議院内閣制の大統領では，次の2点で決定的な違いがある．まず第1は，大統領が直接国民の選挙で選出されるかどうかである．議院内閣制の大統領は，国民の直接選挙ではなく，議会により選出される．大統領制の大統領は，国民から選挙で選出される．第2は，大統領が国家元首と政府の長を兼ねているかどうかである．議院内閣制では，大統領は国家元首であるが，政府の長は首相であり，大統領は2つの職を兼ねていない．大統領制の大統領は，国家元首と政府の長を兼ねている．

図3-5からわかるように，共和制であれば国家元首として大統領がいる．第2章で説明したように，共和制は，王権を否定した政治制度であり，国家元首が血統により相続されない制度である．すなわち国家元首を，社会の側が選出する制度であり，その国家元首が大統領である．したがって共和制，つまり大統領がいる国には，議院内閣制の国もあれば，大統領制の国もある．大統領がいれば大統領制であるとは限らない．

共和制は必ずしも大統領制ではない．しかし大統領制は共和制においてしか成立しない．国家元首と政府の長を兼ねる大統領が，国民の選挙で直接選出されるのが，大統領制だからである．

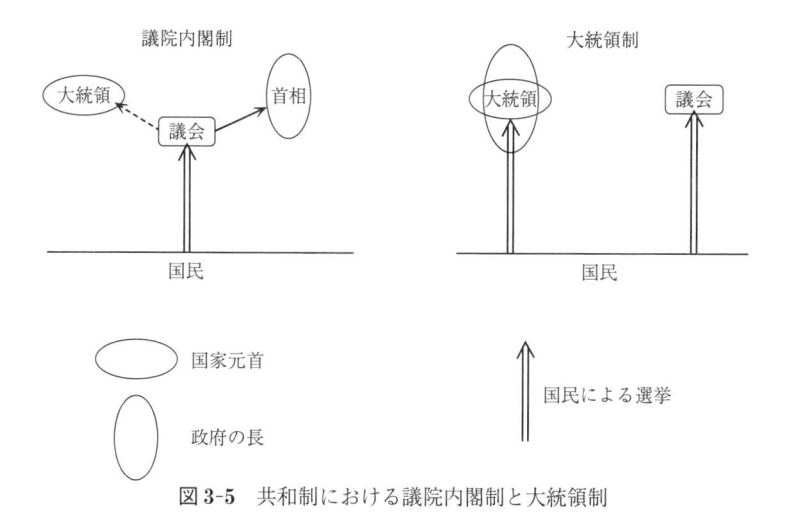

図3-5 共和制における議院内閣制と大統領制

(2) 2つの選挙

　図3-5からわかるように，議院内閣制では国民による選挙は議会選挙だけしかなく，国家元首である大統領は，議会による選挙で選出され，政府の長である首相は，議会最大勢力から選ばれる．議会が核となり，民主的正統性をつないでいる．大統領制では，立法府のメンバーを選出する議会選挙と，行政権の長・元首を選出する大統領選挙がある．行政権の民主的正統性は，この選挙にある．議会と行政権がそれぞれ自律した正統性を有するのは，それぞれが国民との間に選挙というチャネルを持っているからである．

　共和制・大統領制の国家を初めて設立したのはアメリカである．英国の王権から独立することは，自動的に共和制国家の建設を意味する．共和制国家はまず邦に実現し，その邦がゆるやかに連合している状態であった．この連合体が1つの国家となったのは，1787年憲法によってであり，大統領職はその憲法により創られた．良くも悪くも，英国の政治制度を否定しながら，新しい国家の統治機構の制度設計となった．

　アメリカ合衆国の建国者たちがこだわったのは，徹底した権力分立，三権の分立であり，とりわけ行政権と立法権の隔絶である．それは組織を分けるだけでなく，1人の人間が2つの府に属さない制度の設計である．行政権と立法権の隔絶を担保するには，それぞれ別のチャネルを国民との間にもつ必要があった．

　その一方で，国民から直接選出される行政権の長(政府の長)は，国家元首でもあるという現実は，君臨と統治の分業を成立させた立憲君主制とは対照的に，1人の人間に権力が集中することを認めることになる．大統領が「無冠の君主」とならないためにも，行政権から立法権を隔離することが不可欠であった．アメリカの統治機構は，連邦と州，議会と大統領府，上院と下院など，徹底した権力分立を特徴としている．連合から連邦へと移行することで創設された国家政府は，権力集中への抑制と国家権力の抑制を重視した「限定された政府」として設計されたのである．

　共和制・大統領制の創設は，国家元首と政府の長を兼ねる1人の人間を，人民が，人民のなかから選ぶことを制度化することであった．議会選挙のほかに，行政権に向けた選挙が行われることになり，国家と社会の関係から見れば，2

種類の選挙が大統領制の特徴となっている．

　このように，大統領制と議院内閣制とを区別する基準となるのは，国家元首と政府の長(大統領制では同一人物，議院内閣制では異なる人物)，行政権の長の選挙の有無(大統領制では議会選挙と大統領選挙，議院内閣制では議会選挙のみ)である．

(3)　行政権と立法権の隔離

　国家元首と政府の長の関係，行政権の長の選挙の有無に加え，大統領制と議院内閣制を区別する基準として，行政権と立法権の関係がある．議院内閣制の特徴は，内閣を中枢とした行政権と立法権の協働であり，大統領制の特徴は，行政権と立法権の隔離である．

　議院内閣制が責任政府であるのとは対照的に，大統領制では行政府(大統領府)は議会とは自律した関係にある．この自律関係を支えているのはそれぞれ別々の選挙に依っていることである．内閣(政権)不信任も総辞職もなければ，議会の解散もない．それぞれがそれぞれの任期をまっとうする．アメリカは，下院議員の任期は2年，上院議員は6年，大統領は4年である．上院議員は2年ごとに3分の1が改選され，下院議員と同日選挙となる．2年ごとの議会選挙，4年ごとの大統領選挙，両者が重複する選挙年と，選挙の実施は決まっている．議会と大統領の選挙がそれぞれ別に行われることが，それぞれの自立性を支える根拠になる一方で，議会多数派の政党と大統領の政党が異なる場合が出てくる．divided government と呼ばれる状態である．大統領与党が議会では野党となっているなどと言われることがあるが，与党と野党(government and opposition)という表現は，政党が重要な単位となり議会多数派が政府を形成する議院内閣制において使われるのであり，立法権を占有する議会と行政権を占有する大統領府が自律した関係にあり，政党としての規律をそれほど必要としない大統領制においては与党と野党という言い方は適切ではないであろう．いずれにしても，それぞれが別の選挙で選出される以上，大統領の政党と，議会多数派の政党が異なる状況が出現しうる．

　行政権と立法権の隔離を担保する第2として閣僚に注目したい．議院内閣制では，閣僚(行政府のメンバー)は与党議員(立法府のメンバー)であり，1人の

人間が，2つの府に属する．議員であることは閣僚の絶対要件ではないが，原則ではある．政府の長である首相は，行政権の長であると同時に立法府のトップ（与党党首）である．これに対し大統領制では，閣僚は議員ではない．議員であってはならないのであり，閣僚になる場合は議員を辞職する．議員でないことが閣僚の絶対要件なのである．1人の人間は1つの府にしか属せないとすることで，人を介して行政権と立法権が融合することを防御しているのである．機構や組織は別立てであっても，それぞれに同じ人が属すれば，人を介したチャネルができる．その是非は状況によって異なるであろうが，アメリカ憲法の起草者たちは，国家政府の統治機構においてはこれを非とした．人間の「徳」に期待する危うさや，人が替わることで統治権力が変わるような属人性を克服できるような統治機構のメカニズムを重視したのである．

　国家元首であり政府の長であり，国民から直接選挙で選ばれることで強い民主的正統性に裏打ちされた大統領は，それだけで権力集中の潜在的要素をもっている．大統領は大統領府，行政官庁，諮問機関，独立庁などすべての行政組織を含む行政府の長である．大統領府の閣僚（各省の長官）は，大統領の閣僚であり，議会にも国民にも責任を負わない．内閣と呼ばれることがあるが，1つの機関として行政権を有しているのではなく，メンバーが連帯責任を負う合議体でもない．閣僚それぞれが大統領の政権運営への助言者であり，各省で大統領の政策を実施する責任者である．行政権を掌握し，巨大な行政機構のトップである大統領職は，独裁の装置となりやすいことは否定できない．それだけに，立法府による行政府のチェックと，立法権を大統領から隔離することが重要である．前者については，大統領が任命する行政府の各組織の長（長官など）は，上院の同意を必要とすることを制度化している．後者については，法案提出権を議員に限っている．

　しかし現実には，このような厳格な権力分立が行われているのは，アメリカ大統領制だけであり，大統領制一般の特徴であるとは言えなくなっている．大統領がいる議院内閣制があることは前述したが，首相がいる大統領制もあるのである．フランスやロシア，ラテンアメリカ諸国などである．フランスに注目して，議院内閣制と大統領制のハイブリッド型といわれる制度を分析してみよう．

第4節　ハイブリッド型

(1)　大統領がいる議院内閣制から首相がいる大統領制へ

フランスは1789年の革命以降，王政→共和政→独裁，を2回繰り返した後，第3共和制(1875年)の成立により，政治制度が安定した．しかし安定したのは，共和制という政治制度であり，政治の実態は，短命内閣の連続による政権の不安定であった．1940年ドイツのフランス侵攻によりヴィシー政府が成立するまでの65年間に，100以上の内閣が交代している．

1946年10月に成立した第4共和制は，議院内閣制をとった．国会は，国民議会(直接選挙による選出で5年任期)と共和国評議会(間接選挙による選出で6年任期)の二院制(憲法6条)で，国民議会が内閣に対する不信任議決権を有した．内閣は，国民議会に責任を負うが，国民議会の解散権の行使に制限が課せられており(51条)，変形した責任政府であった．議会勢力は多党分裂気味で，議院内閣制の基本とも言える議会多数派の形成は不安定となり，このような議会多数派から創られる内閣は不安定な連立政権であった．1958年に第5共和制が成立するまでの12年間に，約20の内閣が交代した．

国家元首は大統領であり，7年の任期で国会両院の合同会で選出された．政府の長は首相である．イギリスやカナダのようなウェストミンスター型議院内閣制では，下院の多数派は議会選挙の結果の第1党とイコールであり，その党首が自動的に首相となる．しかし議会勢力が分裂している状況においては多数派の形成からして困難であり，誰が首相となるかは自ずから明らかではない．第4共和制憲法は，政府の長である首相は大統領が指名するとされており，指名された者が内閣を形成し，国民議会の信任を受ける(45条)．選挙の結果で自動的に首相が決まるウェストミンスター型では，国家元首は政府の長の任命(形式的)はするが指名はしない．議会多数派の形成が不安定であることが，短命内閣をもたらし，第3共和制を含めると，約80年の間に120近い内閣交代という脆弱な政府を経験し続けたのであり，行政権の強化が明白な課題となった．

第4共和制はアルジェリア問題を契機に崩壊し，1958年10月第5共和制憲

法が公布された．国家の非常事態を収束するには，強いリーダーシップが必要であり，政界復帰したドゴールの国家理念を強く反映した憲法であった．議会の権限を制限し，大統領を形式的名誉職から実質的指導者にした．議院内閣制をやめて大統領制に移行したわけではない．議院内閣制の要素を残しながらの大統領権限の強化である．

(2) 大統領権限の強化

　大統領がいる議院内閣制も，首相がいる大統領制も，ともに共和制でなければ成立しない．前者も後者も大統領が国家元首であるからである．フランスが模索したのは，議院内閣制か大統領制かという制度の問題より，大統領権限をいかに強化するかであった．

　まず大統領の選出方法を変えた．第4共和制の大統領は，国会により選出されていた．このため国会への従属を払拭できなかった．第5共和制では，これを克服するために，大統領を選出する選挙人団を拡大した．第5共和制憲法制定当時，大統領の選挙人団は，両院議員だけでなく，県議会議員，海外領土の議会議員，市町村議会の代表者も加わり，構成された(旧6条)．しかし選挙人団を拡大しても，議会関係者の集団による間接選挙であることには変わりなく，1962年憲法6条改正により，大統領は国民の直接選挙により選出されることになった．強力な民主的正統性を獲得したのである．

　第5共和制で強化された大統領権限でもっとも注目したい権限は立法権である．まず直接民主政について見れば，第5共和制は基本的には代議制であるが，国民が直接意思表明する直接民主政的装置を組み込んでいる．第4共和制においてもこのような規定はあったが，憲法改正に関してのみであった．第5共和制は，憲法改正にとどまらず，公権力の組織に関する法律案，条約の批准を目的とする法律案など重大な政治問題について，大統領が国民投票に付す権限を広く認めている(11条)．大統領は，議会の審議を得なくとも，法律案を国民投票に付託することができるのであり，議会の立法権に対して対抗・抑制的機能をもつだけでなく，行政権の長が，国民と直接の立法チャネルをもつ点に注目したい．議会を経由しないで，立法権が行政権と国民の間で行使されるのである．1962年憲法改正により大統領は国民の直接選挙により選出されることに

なり，大統領と国民の間に直接のチャネルが確立されたことは，大統領の立法権行使における民主的正統性をさらに強化した．

　立法に関係する大統領権限の第2は，法律の再審議要求権である．議会で議決された法律は政府に送付され，大統領は15日以内にこれを公布する．この期間内に，大統領は，その法律（全体あるいは一部）について，再審議を要求することができる（10条）．議会はこれを拒否できないのであり，法律の改廃権を大統領が有するとみなすことができる．第3は，法律の違憲審査の要求権である．大統領は，法律の公布前に，その法律の憲法適合性についての審査を憲法評議会に求めることができる（61条2項）．

　議会との関係においては，大統領は，議会（下院すなわち国民議会）の解散権を有している（12条1項）．ただし，前回の解散による選挙の後1年間は，解散権を行使できない（12条4項）とされている．第4共和制においても解散権は認められていたが，一度行使された（1955年）だけであった．第4共和制における大統領は，議院内閣制のもとでの国家元首として名誉職的存在であり，権限を有することと行使することは別であった．これに対して大統領権限を強化した第5共和制では，解散権は議会に対する有力な武器として行使される．

(3) 大統領と首相の関係

　立法権の行使は，大統領だけでなく内閣によってもされており，アメリカ大統領制が，行政権と立法権の隔絶に腐心したのとは対照的である．立法権について議会と行政府の関係を見る前に，大統領と首相・内閣の関係を把握しておこう．

　議院内閣制であった第3共和制，第4共和制においては，行政権の長は首相であった．大統領は国家元首であったが名目的存在であり，行政権は首相・内閣によって行使されていた．議院内閣制は英国において立憲君主制を前提として成立していったことから，君臨（君主）と統治（政府）の分業を確立させた．共和制・議院内閣制でも，君主ではなく大統領が国家元首であることを除けば，名目的存在の元首と統治の分業は同じであった．しかし統治において，フランスでは，議会多数派の形成が不安定で，議会選挙が明確な多数派をもたらし自動的に首相が決まるウェストミンスターモデルとは異なっていた．第4共和制

では，大統領が首相を指名し，指名された者が内閣を形成するとされており，形式的に政府の長を任命する以上の行為であった．

　第5共和制憲法は，大統領に首相の任免権を与えている (8条1項)．第4共和制で大統領は首相の指名権限を有しており，これがさらに強化されたと言うことができる．大統領は，大臣の任免権も有しているが，大臣の任免は首相の提案に基づいて行われる (8条2項)．行政権の長は大統領であり，首相は大統領と大臣をつなぐ地位にあるのである．内閣は行政権を行使し，その決定を行うのが閣議である．閣議を主宰するのは大統領である (9条)．閣議主宰権限は大統領にあるが，大統領は首相に代理させることもできる (21条4項)．

　大統領が首相任免権と閣議主宰権を有することは，大統領に行政権の最終権限が実質的にあることを意味する．首相・内閣は，大統領の方針に沿った具体的政策を決定し実施する主体との位置づけである．第3，第4共和制では，行政権の長は首相であった．第5共和制では，行政権の長は大統領なのである．首相は大統領の補佐であり，行政権二頭制と言えるほどの対等性はない．大統領と首相の関係は，圧倒的に大統領が優位なのである．

　行政権の中では大統領が優位であることは変わらないが，首相は，大統領と議会をつなぐ位置にいることから，議会勢力との関係から見れば，首相が目立つ場合がある．大統領の政党と，議会多数派の政党が異なる場合である．大統領と議会を別々に選挙する以上起こり得ることで，アメリカ大統領制ではこの divided government の状態はしばしば起こっている．アメリカ大統領制と異なりフランスでは大統領のほかに首相がいる．首相を指名するのは大統領であるが，議会選挙の結果を受けて議会多数派から選ぶので，大統領の政党と異なる政党の首相が誕生することがある．cohabitation と言われる状態である．このような場合，首相は，行政権（大統領）と議会の接点としての存在を顕在化させるのである．

(4) 立法権の分割 ── 議会と行政府

　立法権の分割から想起されるのは，連邦制である．連邦政府と連邦構成政府の間で立法権を分割しそれを憲法に明記する，というのが連邦制の定義である．しかし立法権の分割は，このような中央政府と地方政府という2つのレベルの

政府の間だけで行われるものではないことを示しているのが，第5共和制である．

第5共和制の特徴は，大統領権限の強化に見られるが，その表裏を成すのが，国会権限の制限である．

立法権は国会に属する(34条1項)とはされているが，立法権は国会のみが有する権限ではなく，国会の立法権の行使に，憲法上の制約が課されている．国会以外の立法権の行使者は，大統領と内閣，つまり行政府である．アメリカ大統領制が，立法権を行政府から隔離することを大前提としているのとは対照的である．

国会による立法権の行使の抑制，あるいは行政府による立法権の行使は，どのような形で制度化されているのであろうか．これを，立法権の分割，立法過程，立法後の3つに分けて分析してみよう．

まず立法権の分割について．憲法は，国会の立法事項を限定列挙し，それ以外の事項はデクレ décret(命令事項)としている．デクレは閣議で決定される．限定列挙以外の事項の立法権，すなわち残余権が内閣にあるのである．さらに，内閣は法律の所轄に属する事項を国会の委任を得てオルドナンス ordonnance (委任立法)により定めることができる．内閣における立法は，デクレやオルドナンスと呼ばれ，法律 loi と区別されるが，拘束力をもつルールであることには変わりない．立法権が国会と内閣に分割されているのである．閣議で決定されるオルドナンスやデクレを発する権限は大統領にある．大統領は，前述したように，国会の審議を経ずに法律案を国民投票に付すことができる．これは国会の立法権に対しての対抗的権限である．立法権は，国会と内閣の間だけでなく，国会と大統領の間でも分割されているとみなすことができる．

立法過程についてはどうであろうか．憲法は，法案審議手続きについて，発案権，審議権，議決権に関し，内閣のコントロールを認めている．法律の発案権は，首相および議員の両者に属する(39条)のであり，議員にのみ限定したアメリカ大統領制と対照的である．

立法後の法律への大統領の関与には，法律の再審議要求と違憲審査要求がある．前者は国会への差し戻しであり，後者は憲法評議会に送られる．ともに法律公布前に行われる．議会で議決された法律は政府に送られ，大統領が15日

以内に公布する．公布するということは，承認することと同義である．議会が制定した法は，そのままでは法としての効力をもたず，アメリカでは大統領の署名，英国では女王の同意（ロイヤルアセント）を得て発効する．法の承認は国家元首の役割の1つであり，立憲君主制が確立している英国ではロイヤルアセントはほぼ自動的であるが，アメリカでは大統領が署名拒否することはしばしば起こる．フランス大統領は，国家元首であり行政権の長である点においてはアメリカ大統領と同じであるが，行政権のみならず立法権も有している点できわめて強い．デクレやオルドナンスを発する権限，国民投票に付す権限に加え，立法権の行使を制限された国会による法律に対してまで関与できるのである．

(5) ハイブリッドの分析 ── 議院内閣制と大統領制

アメリカ大統領制では，大統領の政策は議会で立法されなければ実現しない．立法府の帝国主義といわれるゆえんである．アメリカ大統領は強大な権限を有する強い大統領のように見えるが，これはアメリカという国家の強さが与えるイメージ（巨大な行政機構，強力な軍の指揮権など）であり，立法権を有するフランス大統領の方がはるかに強い大統領である．

立法権と行政権の協働を前提とするのが議院内閣制で，立法権と行政権の隔絶を前提とするのがアメリカ大統領制であるとすれば，それぞれの制度の前提にこだわらず融合したのがフランス第5共和制である．双方の制度の要素を有するのでハイブリッドであるが，それぞれの制度の要素がどのように残っているか，ハイブリッドの分析をしてみよう．

議院内閣制の特徴としてあげられるのは，①国家元首と政府の長が別の人物，②選挙は議会選挙のみ，③政権の成立と維持は議会多数派に依拠，④議会と内閣の相互責任（不信任と解散），⑤閣僚は議員と兼務可，である．

大統領制の特徴としては，①国家元首と政府の長が同一人物，②選挙は議会選挙と大統領選挙の2種類の選挙，③政権は議会多数派と関係なく成立，④行政権の長も議員も任期保障（政権不信任も議会解散もない），⑤閣僚は議員との兼務不可，である．

図3-6はフランス第5共和制の政治システムを示している．議会（下院すなわち国民議会）と大統領は，それぞれ国民の直接選挙により選出される．国家

元首であり行政権の長である大統領が，国民の直接選挙で選ばれることは，大統領制の基本要素である．大統領制の①要素と②要素を満たし，議院内閣制の①と②を満たさない．しかしフランス第5共和制は，国民議会の内閣に対する信任・不信任議決権と，大統領の国民議会解散権を定めている．議院内閣制の特徴である責任政府の要素(③と④)である．首相は行政権の長ではないので，責任政府の展開において議会と大統領の間に位置する．責任政府の展開には，したがって，大統領，首相，議会の3者が関わることになる．図3-6で確認してみよう．Aは，国民議会における不信任可決である．これにより議会は政府(内閣)の責任を追及する(49条)．Bはこれに対する首相の行動である．首相は大統領に辞表を提出する(50条)．首相からの辞表提出に対して，大統領には2つの選択肢がある．Cで示したように，国民議会を解散するか，あるいは首相の辞表を受理するか(12条)である．大統領は首相の任免権限を有しているので，いつでも自由に首相を交代させることができるが，議会の不信任可決を受けての首相の交代は，行政権内部の首相交代よりも重い意味をもつ．

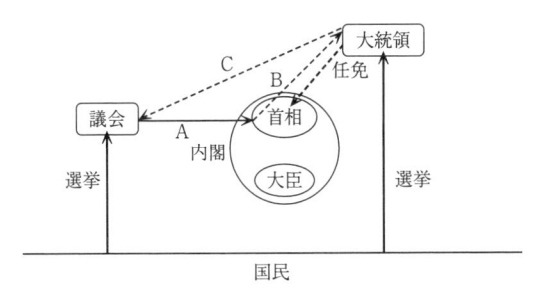

図3-6　フランス第5共和制

大統領制の要素については，フランス第5共和制は，前述の①と②のほかに⑤も備えている．フランスは，地方議員(市町村議会議員，県議会議員，議員の互選による長など)と国会議員の兼職を認めている．地方における自治よりは国政への参加に重点を置いた構造である．しかし大臣の職は，国会議員と兼務できない(23条)．1人の人間が，2つの府(立法府と行政府)に属することはできないというアメリカ大統領制の権力分立理念を導入している．ただしフランスではアメリカのように，大臣は国会議員以外から選ぶものとは認識されていない．大臣になるにあたって国会議員を辞さなければならないが，その議席

は，あらかじめ指定した補充者 suppleant が充足する．大臣と国会議員の兼務禁止は遵守されるが，国会議員が大臣になることが織り込み済みなのである．憲法公布から間もなく，「国民議会の構成に関する 1958 年 11 月 7 日のオルドナンス 1065 号」でこのような対応が規定された．

任期の観点から見ると，ハイブリッドの特徴があぶりだされる．議会選挙と大統領選挙の 2 種類の選挙を別々に行うことで，議会と大統領がそれぞれ民主的正統性を備え，立法府と行政府の分立を確保することが大統領制であり，大統領も議員も外部要因による途中降板はなく，任期を満了する．議院内閣制では，選挙は議会選挙だけで，責任政府制により行政権に民主的正統性をつなぐ．内閣不信任が議会で可決されれば，内閣総辞職あるいは議会解散となり，首相も議員も任期途中の降板となる．フランス第 5 共和制で，任期が保障されているのは大統領のみである．首相には任期が設定されていない．議員には任期（直接選挙の国民議会は 5 年，間接選挙の元老院は 9 年）はあるが，国民議会は不信任可決の結果として解散されることもあり，任期が保障されているわけではない．

議院内閣制では，国家元首は君主（君主制）か大統領（共和制）である．前者にはもちろん任期はない．後者には任期はあるがその間は身分保障がされている．政府の長である首相は，下院選挙から次の選挙までと下院議員の任期とほぼ同じとなる．議会が不信任を可決すれば，任期満了前に議会解散・選挙となるか（内閣と議会は運命共同体），内閣総辞職する（議会はそのままで内閣だけが責任をとる）．首相の任期は保障されているわけではないのである．

フランス第 5 共和制では，大統領は，憲法の番人であり，公権力の正常な運営と国家の永続性を確保する守護者（5 条）としての地位にあり，何よりもまず国家元首なのである．また行政権の長であり政府を統轄する立場にもあるが，具体的な政権運営は首相に委ねている．その首相は議会からの信任不信任を受ける立場にある．首相をバッファー（緩衝）とする構造と運用に，ハイブリッド性が凝縮されていると言えよう．

第5節　参事会制(スイス)

参事会制は，現在スイスだけに見られる制度である．議院内閣制でも大統領制でもなく，そのハイブリッドでもない．第2章のテーマである統治権の所在から見ても，本章のテーマである議会と政府の関係から見ても，重要な特徴を呈する政治制度である．

(1)　政府の長の選出

まず表3-1にもどってみよう．議会と行政権の関係を，議会は，①政権の形成に関わる，②政府の長を選出する，の2点に分け，政治制度を見たものである．この表からわかるように，参事会制では，議会は政権の形成に関わるが，政府の長の選出には関わらない．

議会が政府の長の選出に関わらないのは，大統領制も同様で，議会選挙とは別に政府の長を選ぶ選挙が行われている．議院内閣制では，政府の長(首相)は，このような国民からの直接選挙では選出されず，議会選挙の結果の議会多数派から選ばれる．ウェストミンスター型であれば，第1党の党首が自動的に首相となる．有権者はどの政党の党首を首相としたいかを考えながら投票するので，間接的ではあるが首相の選出には強い関わりをもっている．

大統領制と議院内閣制では，このように政府の長の選出の方法は異なっているが，共通しているのは，政権の形成に先立って政府の長が選出される点である．すなわち行政権のトップがまず選出され，そのトップが，行政権の行使を担うメンバー(大臣・長官)を選ぶのである．フランス第5共和制においても，大統領(直接選挙による選出)→首相(大統領による任命)→大臣(首相の提案に基づき大統領が任命)となっており，政権の形成はトップから始まっている．

参事会制の特徴は，これが逆であることである．すなわち，政権が形成された後で，政府の長が選ばれるのである．

まず参事会を構成する7人が選ばれる．その後，この7人の閣僚の中から政府の長を選ぶのである．長の任期は1年で，参事会構成員が輪番で長を務める(憲法176条)．7人はそれぞれが連邦行政官庁のトップ(大臣)である．外務省，

国務省，司法・警察省，国防・市民保護・スポーツ省，財務省，経済省，交通・コミュニケーション・エネルギー省の7つである．長の職がまわってきたら，当該省の大臣を務めながら長の職務も果たす．長の常設オフィスはなく，長となった大臣の省の部屋がオフィスになる．

(2) スイスの共和制

共和制国家を初めて建国したのはアメリカであり，英国王の王権からの解放，すなわち独立戦争に勝利しての建国であった．フランスは革命により王権を停止し共和国となった．

歴史的に見れば，このように共和制国家の誕生は王権の否定とともにある．

国家としてのスイスの建国は，1848年である．それまでのスイスは，邦（カントン canton）の同盟であった．1848年憲法がスイスを小国家連合から連邦国家にしたのである．連邦制をとることで統合を強化し国家となるか，邦の連合体の状態を継続するかにあたっては，アメリカの場合と同様，連邦派と連合派が厳しく対立した．宗教や思想も絡み，対立は内戦にまでいたっている．しかし共和制国家とするかどうかは争点にもなっていない．国家建設に先だって共和制は定着していた．共和制の源泉は，スイスの起源と言われる1291年の永久同盟，その後の誓約同盟に見いだすことができる．

永久同盟は，ハプスブルク家の支配を受けたくない3つの邦が締結した共同防衛の同盟である．邦は，神聖ローマ帝国のもとで一定の自由を享受していたが，自由や自治は皇帝によって大きく左右される．永久同盟に端を発し，同盟のメンバーを増やしていった誓約同盟の目的は，帝国からの解放と自治の獲得であった．神聖ローマ帝国から実質的に解放されたのは，シュヴァーベン戦争の勝利によるバーゼル協定(1499年)によってである．

共和制は，王権支配からの解放を求める社会がめざした制度である．神聖ローマ帝国は，教皇を最高権力者とするカトリック帝国と，有力領邦から選出される皇帝をトップとする世俗の帝国の二重構造であり，いわゆる王国ではない．一枚岩の王国で世襲される国王がいたわけではないので，邦が目指したのは王権からの解放ではない．スイス誓約同盟の歴史は，スイス支配を強行するハプスブルク家出身の皇帝との戦いの歴史である．帝国からの解放とは皇帝支配か

らの解放であった．自由と自治を確保するために，邦が共同戦線を組んで戦ったのである．数世紀にわたるこの戦いは，王権に挑戦する共和制とは異なる共和制の考え方を，スイスの土壌に鋤き込んでいったのである．

(3) 共和制国家の invisible な国家元首・政府の長

一般に国家元首は，国家を代表する者として visible な存在である．実質的な統治を行う政府の長も，特定の個人が明白であり，権力の所在が目に見える．

議院内閣制のように，国家元首と政府の長が別の人物である場合は，政府の長の方が目立つこともある．とりわけ元首が君主ではない共和制の議院内閣制では，元首である大統領は，政府の長である首相よりも存在感が薄い場合が多い．しかし国家元首が政府の長を兼ねる大統領制では，誰が大統領であるかは明白である．首相にしても大統領にしても，誰がその職にあるか，つまり誰がその権力を行使しているかが可視的にわかる．

表3-2にもどり，国家元首と政府の長についてそれぞれの制度を見てみよう．参事会制では，国家元首と政府の長は同一人物である．名称も大統領であるが，誰がスイスの大統領かスイス人でも知らない人は多い．その理由として，大統領は，参事会構成員（閣僚）の互選輪番によることが考えられる．大統領には特別な権限が与えられているわけではない．大統領の重要な仕事は，参事会の会議（閣議）の議長としての議事の進行である．大統領が議長の仕事をする，というより，議長が，政府の長および国家元首とみなされる，と考えた方がわかりやすい．その議長も1年の輪番であるから，国家元首・政府の長としての個人の存在は顕在化しない．権力を個人に帰属させず，参事会全体で共有するのであり，徹底した同輩合議制 collegial system である．行政権の所在は参事会にあることは明白なのであるが，行政権の長（個人）は突出しないのである．内閣が合議体であるのは，議院内閣制でも同様であるが，議院内閣制では，特定の個人が首相（政府の長）として顕在している．ではスイスは，なぜ権力者として特定の個人を突出させない制度をとっているのであろうか．

(4) 同輩合議制の歴史的起源と変遷

参事会制は，1848年に連邦国家となったスイスが連邦政府の行政府として

制度化した制度である．参事会制の特徴は，参事会の運営方法と閣僚の選出方法から分析することができる．まず参事会の運営方法について，前述したように，特定の個人を権力者として顕在させない同輩合議制が，なぜとられたのかを検討したい．

スイスにおける同輩合議制の起源は，連邦国家スイスの前身である同盟時代にある．スイスの起源と言われる永久同盟や誓約同盟は，同盟の共通機構である同盟会議において，各邦は平等の代表性と表決権のもと全会一致の決議で同盟の運営にあたった．宗教改革が起こると，カトリック派諸邦とプロテスタント派諸邦の間で，共同支配地の宗教的帰属をめぐって内戦が起こったが，同盟の一体性を確保することを第一義的に，共同支配地における両派同権体制を成立させた．激しい対立の末の調整であり，仲裁裁判の機能や，官職の同数制，輪番制が導入された．

同盟による小国家連合の状態が中断したのは，ナポレオンのスイス侵攻がもたらしたヘルベティア憲法(1798年)によってである．この憲法により成立したのは単一制度のヘルベティア共和国であり，それまで主権国家であった邦は，共和国の単なる行政区域となった．1803年の調停法により単一制共和国は放棄され，邦の連合にもどった．スイスが単一制国家を経験したのはこの5年間だけであり，この間の中央集権体制への強い不満はスイスを無政府状態に陥れた．他方，ヘルベティア憲法が規定した執政府の形態(5名の執政官により構成される執政府が行政権を行使)については，強い反対はなかった．この執政府の規定は，フランス1795年憲法の影響を強く受けて起草されている．フランスでは王政の否定により共和政となったが，煽動政治化が独裁者と恐怖政治をもたらしたことへの反省から，1795年憲法は5人の執政官による合同統治 Le Directoire を規定したのである．フランスではこの制度は，1799年ナポレオンのクーデタにより終焉する．

1803年調停法で邦の連合体(同盟)にもどったスイスにナポレオンが課したのは，「執政カントン」とその長をスイス知事とする制度である．1人の知事をおくことで，統治代理人を把握できる．その知事に同盟の運営に当たらせるのである．知事は，執政カントンの長であり同盟会議の議長である．執政カントンを構成する有力邦は，1年交代で知事を出すことにし，輪番制を定着させ

た．

　ウィーン体制とともに，1815年同盟協約を締結，執政カントン制度は廃止された．しかし，有力邦が同盟会議の議長を持ち回りで務める制度は，継続したのである．

　このようにスイスにおける同輩合議制は，同盟時代に，共通機関において邦の間の対立を緩和したり邦の利益を調整する装置として編み出された．各邦の平等な参加権，複数邦の共同統治体制と議長の輪番制は，長い時間をかけて定着していった．1848年小国家連合から連邦国家となったスイスは，新たに創設した連邦政府の行政府である参事会に，同盟時代の共通機構の運営方法である同輩合議制と長の輪番制を，とり入れたのである．

(5) 閣　僚

　同輩合議制とともに，参事会制の重要な特徴は，参事会構成員である閣僚の選出方法である．憲法では，閣僚は両院合同会により被選挙権のある市民の中から4年の任期で選出されるとされているが，実際は一般市民が突然選ばれることはない．多くは，議員経験者や公務員経験者である．閣僚と議員との兼務はできない．

　スイス議会は，国民議会 conseil national（下院，選挙による選出，任期4年，定数200）と全邦議会 conseil d'Etats（邦の代表，各邦2名，半邦は1名，定数46．任期，選出方法は各邦が決定．議員報酬は邦が負担）の二院制であり，閣僚の選出は，この二院の合同議会で行われる．選出にあたっては，国民議会選挙の結果が反映される．すなわち，参事会を構成する7つの閣僚ポストは，例えば2：2：2：1のように，政党の獲得議席の傾向に沿うことになる．行政権と国民の間に選挙というチャネルがない場合，唯一のチャネルである議会選挙の結果を行政権の構成につなぐことで，行政権の民主的正統性が確保される．1959年選挙以降，上記のような割合で4つの政党（急進民主党，キリスト教民主党，社会民主党，スイス国民党）が閣僚ポストをもつようになっているが，これは連立政権ではない．

　閣僚は政党の推薦を受けることが多いが，議員との兼職が禁止されていることから，政党の幹部は議員として議会に残るため，閣僚は政党色がそれほど強

くない．両院合同会で過半数の支持がなければ閣僚に選出されないことからも，政党間調整が必要であり，党首や党の有力者は閣僚にならない．各政党が推薦する閣僚ポスト数が，議会選挙の結果を反映することは確かであるが，閣僚は，政党の代表という要素以外の要素を強く反映させて選ばれる．すなわち言語（ドイツ語，フランス語，イタリア語），宗教（カトリック，プロテスタント）および地域である．党派，言語，宗教，地域を考慮した上での閣僚の選出であり，上述の2：2：2：1が「魔法の公式」と言われるゆえんである．

このように選出される閣僚から構成される参事会は，参事会自体が多極共存的consociational調整装置となり，スイスの統合を支えている．参事会は議会からの不信任を受けず，議会の解散もない．議院内閣制のような責任政府制ではない．参事会は安定しており，加えて，その運用が同輩合議制で，長を突出させない輪番制であることは，調整機能をさらに強化している．さまざまな亀裂を有する社会の多元性を反映させ統合する役割を果たしているのである．

第6節　立法過程

(1) 4つの制度における行政権と議会の関係

議会選挙は民主主義体制を名乗る国であれば，必ず行われている．一院制の場合は，その国会の選挙であり，二院制をとっている場合は下院の選挙である．上院については，どのような選出方法をとっていてもかまわない．2つの院を置くことの意義は，選出方法よりも何を代表するかといった代表性の違いが重要である．

連邦制の国家は，下院を国民代表，上院を地域（連邦構成地域としての州）代表の院としており，必ず二院制をとる．単一制度の国家は，一院制か二院制かの選択肢がある．下院とは異なる代表性が第二院の存在意義であり，何を代表するかで選出方法も決まる．必ずしも国民の直接選挙で選出されなければならないわけではないのである．

議会選挙が民主主義の必須要素であるのは，拘束力のあるルール（法）の適用を受ける側がそのルールをつくる場に参加することで，統治権力と社会の間に双方向の関係が成立するからである．立法権への参加が基本である．

表 3-3　各政治制度における政府の長の特徴および政府と議会の関係

	議院内閣制	大統領制(米)	ハイブリッド(仏)	参事会制
国民の直接選挙による政府の長の選出	×	○	○	×
政府の長は国家元首を兼ねる	×	○	○	○
政府の長の visibility	○(単独政権) △(連立政権)	◎	◎	×
政府の法案提出権	○	×	○	○
閣僚は議員と兼務	○	×	×	×
内閣不信任・議会解散	○	×	○	×

　一方，行政権については，その長が国民の直接選挙で選出されていなければ民主主義ではない，とは言わない．行政権の長(政府の長)が直接選挙で選出されない場合は，唯一選挙を行う議会との関係が何らかの形で成立することが，行政権に民主的正統性を装備させる．このような視点から，行政権の長の選出方法，および議会と政府の関係に焦点をあてて，4つの制度について分析してきた．表3-3は，それをまとめたものである．

(2)　立法過程への政府の参加

　表3-3では，政府の法案提出権，閣僚と議員の兼務，内閣不信任・議会解散，の3点において，各制度における議会と行政府の関係を示している．議院内閣制ではこれらすべてが○，大統領制(米)ではすべてが×であり，はっきりと区別できる制度である．

　一方ハイブリッド型では，閣僚は議員と兼務できない点だけを除き，議院内閣制と同じ結果となっている．残りの2点について，フランス第5共和制は行政権重視を徹底している．政府は法案提出権だけでなく，立法権そのものを有しているし，内閣不信任はきわめて限定された状態でしか出せない．

　参事会制では，閣僚は議員と兼務できない点，内閣不信任・議会解散がない点は，大統領制の権力分立との共通項である．すなわち，人の側面からは，1人の人間が2つの府に属さないこと，組織機関 institution の側面からは，政府と議会が自律していることである．しかし参事会制では政府は法案提出権をも

っている．アメリカ大統領制では，法案提出権は議員と議会にしかなく，立法権と行政権の隔離を徹底させている．

　立法過程は，利益集約調整→法案作成→法案提出→審議→決定→承認→施行，と示すことができる．アメリカ大統領制においては，法案提出までの過程は複雑ではない．議員は法案作成のためのスタッフをもち，法案提出は日常の議員活動の一環である．選挙キャンペーンではどれだけの法案を提出したか数を誇る．しかし，実際に法として成立するのは，このうちわずかである．大統領には法案提出権がないので，政策方針を「教書」として発表する．実際には議会や議員に向けてであるが，「教書」は一般国民に向けて大統領が発するので，同じ国民から選挙される議会もこれを無視できない．そこで，議会と大統領の駆け引きが行われるのであるが，水面下で行われやすい議院内閣制と異なり，オープンである．

　図3-7は，大統領の立法過程への参加を図式化したものである．「教書」の発表は，法案作成段階で影響を与え得る間接的な参加とみなすことができる．議会での審議の展開を見ながら「拒否権」発動を示唆するのも，立法過程への間接的な影響力の行使である．議員や議会がこれらの影響力を遮断してしまえば，立法に何の効果も与えない．法案は可決された後，大統領の署名をもって法が成立する．大統領の署名がなければ法律にならないので，立法過程への大統領の直接の参加がこの最終段階において行われる．法案に対して明白に反対の場合は，10日以内に反対意見を添えて発議した院への差し戻しが，いわゆる「拒否権の行使」として行われる．差し戻された法案は，議会両院の3分の2の賛成で再可決すれば法律となる．明白な「拒否権の行使」でなくとも，大統領が署名しないまま会期が終了した場合，法は不成立となる．

　図3-8は，政府提出法案の立法過程を示したものである．立法過程のそれぞれの段階における政府と国会の役割分担がわかる．審議や議決など立法行為は議会でのみ行われるが，そこに提出される法案は政府が作成し閣議決定される．

　図3-8は，政府の立法過程への参加（図の上部）とともに，国民や地方の参加（図の下部）も表している．後者についてさまざまな参加の形態があるが，詳細にこだわるよりも大勢をつかむように図式化した．

第6節　立法過程 —— 73

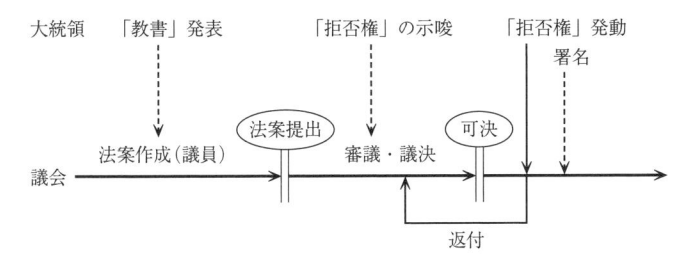

```
大統領   「教書」発表    「拒否権」の示唆   「拒否権」発動
                                          署名

                     法案提出              可決
議会    法案作成（議員）  審議・議決
                          ←――返付――
```

図 3-7　大統領の立法過程への参加（アメリカ大統領制）

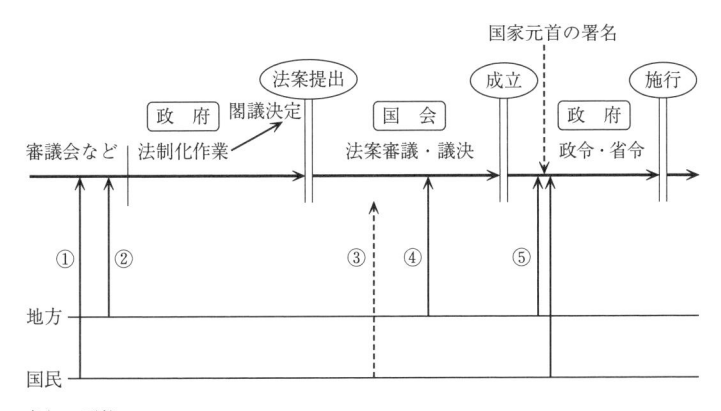

```
                                    国家元首の署名
             法案提出         成立        施行
         政　府           国　会      政　府
審議会など 閣議決定  法制化作業  法案審議・議決     政令・省令

          ①    ②      ③   ④    ⑤
地方
国民
```

参加の形態
　① パブリックコメント
　② 地方6団体の意見申出権（地方自治法第263条3）
　③ 議会選挙
　④ 国会における地方の直接代表性
　　　フランス：地方議員，議長の国会議員兼職，地方議員間接選挙の元老院
　　　ドイツ，スイス，オーストリアなど連邦国家の第2院
　⑤ スイス：法律レファレンダム

図 3-8　政府提出法案の立法過程と参加

(3)　法案作成権と法案承認権

　法案の審議や議決などを立法権と言うのであれば，立法権は議会が独占している．しかし前述したように，立法過程にはいくつかの段階があり，審議・議決がすべてではない．議会における審議・議決をはさんで，その前には，法案が提出されるまでの段階，その後には，法案が法律となり施行にいたる段階がある．これらも立法権を構成している．
　法案提出権を有することは，法案作成権を有することである．政府提出法案

は，内閣での閣議決定を経て国会に提出されるが，実際に法案の原案を作成するのは内閣ではなく所管官庁である．所管官庁は，法案作成作業を行いながら，日本であれば各省との協議や法制局審査への対応も進める．閣議決定にいたるまでのこのような作業は，実際の立法作業に他ならない．法案作成権は立法権なのである．法案作成を所管官庁が行うのは，その官庁が実際に法の執行を所管するからであり，執行における現実性を考慮して立法作業が進められる．アメリカ大統領制のように，立法権と行政権が隔絶するなかでの立法には，実際に執行可能かどうかの配慮がないのと対照的である．決めるのはいくらでも決められても，それを執行できなければ，決定の効力は無いに等しい．このような例はアメリカに多い．

　もう1つ注目したい権限は，承認権限である．承認権限を有しているのは，国家元首である．立憲君主制の場合は，君主が，議会から送られてくる法案に署名する．英国やカナダではロイヤルアセントと呼ばれる君主による承認である．カナダでは元首代理の総督が署名する．共和制国家では，大統領が署名する．議院内閣制をとる国は，国家元首と政府の長が異なる人物であり，また君臨と統治の分業が確立していることから，元首が法案の署名を拒否することはない．最近ドイツ大統領が法案への注意を促すことがあったが，明確に拒否することはしない．しかしそれがなければ法律とならないという承認権限が，実際の立法者たちとは別の次元の別の人物にあることは，立法の最終段階での分業とも言える．

　国家元首と政府の長が同一人物である大統領制の場合は，どうであろうか．アメリカ大統領制の場合は，大統領には，法案提出権がないので立法作業に関われないことから，立法作業をする議会と，その結果の法案をチェックする大統領という分業が成立する．政府は法案提出権がなく立法への足がかりがつかみにくい状態に置かれている一方で，議員が自由に法案を提出することから，立法府の帝国主義と揶揄されるアメリカにおいて，承認という最終段階で大統領が関わることでバランスをとっている．

　ハイブリッド型は，大統領の立法権への関わりが強すぎてバランスがとれていない．行政府に法案提出権があり，実質的な立法作業は行政府で行われる．フランス第5共和制では，内閣はデクレやオルドナンスといった準立法を行い

即座にそれを施行できる．議会において審議され議決された法も，法としての効力をもつには大統領の承認が必要であり，法を公布するのは大統領である．

　ハイブリッド型は，フランスに限らず，アメリカ以外の大統領制をとる国によく見られる型である．首相がいる大統領制はほぼこの型である．大統領の方針は，首相を経由して政府で法案として作成され，閣議決定を経て議会に提出される．首相は大統領が任命するが，任命にあたって議会多数派が考慮されることが多い．このようななか，概して政府が提出した法案は可決されやすい．可決された法案は，承認権限がある大統領のもとに送られる．すなわち大統領の方針は，立法作業（法案作成，審議，議決）を経て，法として大統領のもとにもどり，それを承認し法としての効力を与えるのも大統領なのである．最近ロシアで，地方政府の長を住民の選挙による選出から，中央政府の任命にかえた法も，プーチン大統領の発案が法制化されたものである．行政権だけでなく立法権ももつ大統領は，「無冠の君主」である．大統領制は，大統領と立法権の分立を確保しなければ，独裁の装置になりやすい制度である．法案作成権と法案承認権を同一人物が掌握するハイブリッド型がいまや大統領制の主流となった中では，議会の復権に権力集中への制御を求めるしかない．議会多数派が大統領の政党とは異なる divided government による権力分立である．

　法案承認権ではないが，法案を否認する権限があることに言及しておきたい．国家元首による拒否権ではない．社会が有する権限であり，国民あるいは邦（カントン）が要求する．スイスにおいて制度化されている法律レファレンダムである．憲法改正法案の場合はレファレンダムは必須であるが，それ以外は任意である．法案の是非を問いたい場合，国民であれば5万人の有権者，邦であれば8邦の要求があれば，当該法律についてのレファレンダムが行われる．法律レファレンダムの対象となったのは，約2000の法律のうち140と7％程度である．

第4章

連邦主義と単一制度——分権と参加の関係

　連邦主義 federalism は，理想の統治形態の1つである．各集団の自治 self-rule を認めながら，それらが共有権限 shared-rule をもつことで統合も実現するからである．例えば統治権力の掌握をめぐって民族間で紛争が起こった場合，ある民族がその紛争に勝利し，他の民族を一方的に支配しようとすれば，紛争は再燃する．1民族による権力の独占は，紛争を終わらせない．民族がそれぞれの自治を維持しながら，全体の統治権力を共有することができる連邦主義は，支配-従属関係を終焉させ，紛争の芽をつむことができる．

　多極共存主義 consociationalism も，連邦主義と同様，各民族集団の自治と統治権力の共有を実現させる．民族の生存すら否定するジェノサイド genocide，領域内で暮らすことを認めない強制移住 exile，支配的民族の文化への同化の強制 assimilation など，「違い」を認めない対応が，現実にはとられがちである．「違い」を認め，物理的存在や社会的存在としてだけでなく，政治的存在として認知し，さらにその自治とともに，全体の統治権力への参加をも許容するのが連邦主義と多極共存主義であり，とりわけ多民族国家ではもっとも民主的な統治形態となる．

　連邦主義が多極共存主義と異なるのは，領域性を基本としている点である．すなわち，自治の場としての領域であり，地域政体 political entity が顕在する．連邦主義の思想は，古代ギリシアまでさかのぼり，「同盟 league」として実践されてきた．権力集中を否認し，一方的支配を排し，自治と統合を同時に実現させる連邦主義の思想はきわめて魅力的であるが，「連邦 federation」としてその政治制度化はハードルが高く，同盟すなわち「連合 confederation」の形態が長らくとられてきた．「連合」と「連邦」はともに連邦主義の実践として同じカテゴリーに入るが，統合の度合いが異なっている．「連合」から見れば「連

邦」は統合の度合いが強く,「連邦」への移行は集権化に他ならない.

国家と,それを構成する地域の政府を,市民の視点から見れば,国家すなわち中央政府は「遠い政府」であり,地方は「近い政府」である.単一制度 unitary system では,市民にとってはもっとも遠隔の政府である中央政府に統治権力が集中する.統治権力へのアクセスとして国会選挙が制度化され,民主主義体制であっても,「統治権力との距離」から見れば,中央政府は遠い.人々に近い政府である地方政府に,日常生活や人に関わる公共的事項(社会政策,教育,土地利用,属地空間の整備運営など)の決定権限を移す地方分権が,民主主義と密接に関わるのは,近さとそれゆえの応答性の高さのためである.地方自治体が,中央政府のエージェント的存在(他者が決めたことの忠実な執行者)ではなく,その地域の統治権力を担う主体となれば,「統治権力との距離」は近くなり,参加の効果は高くなる.決定権限のないところに参加しても有効ではない.

本章では,権力の独占や一方的支配を否定する連邦主義の魅力と現実,国家の政治制度としての連邦制の成立と実態,政治制度と分権の関係,統治権力との距離から見る民主政などに焦点をあてる.

> Keyword
>
> 自治と統合,遠心力と求心力,バランス,権力の一元化・多元化,国法秩序,法令の規律密度,決定の拘束力,参加の有効性,分権モデル,統治権力との距離

第1節 連邦主義

(1) 連邦主義の理念

連邦主義の本質は,権力集中の否認にある.しかしこれは権力の分散を意味するのではない.権力集中を排し,個々の独自性を容認・保持しながら,同時にそれらを包括する組織をもとうとするのである.1つの権力から支配を受け,それに同化させられるのではない.権力非集中 non-centralization を前提とする

ということは，それぞれのアイデンティティを維持するということであり，その前提にたった上で，共通の目的のもとに一緒に行動するのである．このような考え方は，個人のレベルから国家のレベルにいたるまで，孤立しては生きられない人間の，社会や世界との関わり方を，「自治」「参加」という2つの原則から支えるものである．

　権力の非集中を前提としながら，1つのシステムを形成し維持する，という一見矛盾する課題に対応するには，システムに作用する2つの力，すなわち遠心力と求心力の間のバランスの追求が不可欠となる．一方的支配を否定するのであれば，システムが崩壊しないためには，力のバランスをとる必要があるからである．遠心力と求心力のバランスは固定していない．何が遠心力となるか，何が求心力となるか，それぞれの力の内容は状況に応じて変化するからである．例えば，旧東欧社会主義諸国では，民族・言語・宗教の違いといった文化的亀裂が先天的遠心力として潜在的にあり，党やイデオロギー，指導者のカリスマといった権力装置が求心力としてそれを相殺していた．しかし体制崩壊によりこの権力装置が機能しなくなった．新たな求心力をもてた国は，新しい政府で再スタートした．求心力となるものを見つけられなかった国は，国家崩壊となった．遠心力が一気に噴き出しバランスがとれなくなったからである．

　相反する2つの力の関係が絶え間なく変化するなかでバランスをとるには，緊張感が必要である．これが社会との対話，相手との対話，置かれている状況の分析，文脈の察知などを不可欠にする．応答性と柔軟性が強く求められる．権力の上にあぐらをかいて支配する硬直的階層構造とは本質的に異なるのである．

　遠心力が自治を求める力であるとすれば，全体への参加が求心力となる．支配 - 従属関係を否定し，自立を確保しながら孤立しない．このためには，自治と参加の双方が必要なのである．

(2) 連邦主義の要素と制度

　連邦主義は，それぞれが自立する複数の地域政体がその自立を維持しながらも，共通の目的のために統合する手法でもある．共通の目的となるのは，例えば，共通の外敵への対応（共同防衛），市場の拡大（共同市場）などである．重要

なのは，統合は他から強制されるのではなく，自発的である点である．連邦 federal という言葉の語源が，「同意」あるいは「契約」を意味するラテン語の foedus にあることからもわかるように，自発性が前提となっている．また武力や血縁に基づかなくとも，契約によって関係が樹立できるという選択肢を編み出した点も注目に値する．統合後のイメージは，全体のレベル（共通機関）と地域レベル（構成メンバー）の2つのレベルが併存し，それぞれ異なる権限を行使する．つまり連邦主義の要素は，地域政体とそれらが構成するより大きな機関の二層構造，それぞれのレベルが権力を有する権力分立，既存政体の自治を基本としながら特定目的のための統合，既存政体の自発的意思に基づく同意や契約による統合などである．

　このような連邦主義の対極に位置するのが，単一主義 unitarism である．既存の地域単位が自律的に存続することを認めず，統治権力は，新しく創り出すパワーセンターに一元化される．統合というより権力集中を実現させる統一である．

　権力非集中を前提とする統合か，権力の一元化を目指す統一か，連邦主義と単一主義は，理念においても目標においても本質的に異なるものである．単一主義は，政治制度としては単一制度となる．単一制度をとっている国家が単一制国家 unitary state である．単一制国家の成立はそれほど困難ではない．統一国家の形成が国家建設とみなされる状況においては，単一制度を国家の政治制度とする単一制国家が誕生するのは，自然の趨勢であった．

　連邦主義は，単一主義ほど政治制度化が容易ではなかった．連邦主義の理念や連邦主義的実践は，古代ギリシアにさかのぼって見られるが，国家の政治制度として連邦制が制度化され連邦制国家 federal state が誕生したのは，1787 年（アメリカ合衆国）である．なぜ連邦主義の政治制度化は困難であったのであろうか．

　例えば，スイスは誓約同盟以来約5世紀半にわたり，連邦主義を実践してきた．連邦主義が当然のことであったので，単一制度のヘルベティア共和国を受け入れることができなかった．その一方で，連邦制国家となったのは 1848 年であり，国家成立にあたって内戦のコストを払っている．連邦主義を実践することと，国家の政治制度として連邦主義をとることとは同じではないのである．

連邦主義的実践を「連合」，国家の政治制度として設計された連邦主義を「連邦」とし，「連合」と「連邦」の違いを明らかにし，なぜ「連邦」の成立が困難であったのか，なぜアメリカはそれを克服できたのか，を考えてみたい．

(3) 連邦主義の制度設計 ——「連合」と「連邦」

「連合」も「連邦」も，連邦主義という同じカテゴリーに入る．すなわち，権力集中を否認し，地域政体とそれらが構成するより大きな政体の二層構造，それぞれの層（レベル）が権力を有する権力分立，既存政体の自治を尊重しながらの統合，強制ではなく自発的意思に基づく統合である．

では「連合」と「連邦」の違いはどこにあるのであろうか．権力の一元化ではなく，多元的権力を容認するという統合の理念は同じなのであるが，統合の度合いが異なるのである．図 4-1 は「連合」の状態を示している．まず地域政体があり，それらが特定の共通目的を達成するために創り出したのが共通機関である．例えばスイスの誓約同盟，アメリカ独立時の大陸会議，ヨーロッパ共同体などが，共通機関に相当する．構成メンバーとなった地域政体は，共通機関に代表を送る．各構成メンバーから共通機関に向かっている矢印①である．共通機関会議での決定（②）は，構成メンバーが批准すれば，構成メンバーにより執行（③）される．すなわち，共通機関の決定は拘束力がない．共通機関は執行手段を装備しておらず，共通機関は市民と直接の関係をもたない．統合の度合いはゆるやかである．

「連合」において要となっているのは，構成メンバー（地域政体）である．統治権力は地域政体にあり，市民を統治するのは，地域政体だけである．市民は地域政体と図 4-1 で示したような双方向の関係を成立させている．④は参加（議会選挙など），⑤は統治（法令など）を示している．拘束力のあるルールが市民に作用する（⑤）のは，そのルールをつくる場に代表を送っている（④）からである．市民は共通機関へ直接の代表性をもたないのであるから，共通機関から直接の影響を受けない．市民と直接の統治関係を成立させている地域政体が，共通機関の決定を執行するか否かを決めるのである．

市民を国民，地域政体を国家，共通機関を国際機関あるいは国際条約と読み替えれば，「連合」のイメージがより明確になる．条約の目的に賛同し署名し

ても，批准しなければ履行義務は生じない．条約内容を遵守しない，あるいは反する行動を締約国がとっても，それに対する制裁装置がなければ，拘束力はないに等しい．

「連合」においては，構成メンバーは，政体としての自律性を浸食されない．共通機関の決定は直接の拘束力を有さないからである．構成メンバーが国家である場合，国家主権は影響を受けない．その一方で，国家にとってプラスとなることは，積極的に共通機関を活用する．マイナスの影響は遮断し，プラスの影響を創り出せるのである．

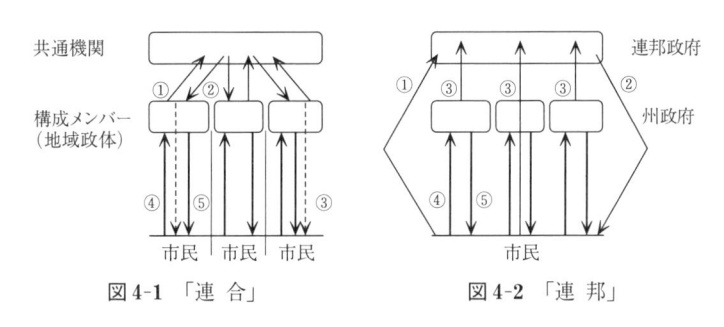

図 4-1 「連 合」　　　　　図 4-2 「連 邦」

図 4-2 は，連邦主義が国家の政治制度として制度化された「連邦」の状態を示している．「連合」との最大の違いは，共通機構（連邦政府）と市民の間に直接の関係が成立していることである．つまり②で示したように，連邦政府の決定は拘束力をもち，州政府を通さず市民に直接作用する．市民に対して拘束力のあるルール（法）を直接適用できることは，連邦政府が執行機能を装備していることを示唆する．ルールが直接適用されるのであれば，そのルールをつくる場に参加しなければ，民主政は担保されない．図 4-2 の①で示しているのは，連邦議会への参加（選挙）である．①と②で，連邦政府と市民の間に双方向性が成立しており，連邦政府が統治権力を直接市民に行使できる．州政府は連邦政府の統治権を遮断できない．

州政府と市民の関係は，連邦政府と市民の関係に左右されない．すなわち市民は州政府から統治権力の行使（⑤）を受けるが，統治権力への参加（④）が行われているので，州政府と市民の間には，双方向の関係が成立している．

市民の側から見れば，州政府と連邦政府の両方から統治され，州民として州

議会選挙に参加し，国民として連邦議会選挙に参加し，両方の議会に代表を送る．2種類の双方向関係があるのである．しかしこれは重複しているのではない．連邦議会が決める事項と州議会が決める事項は異なっており，それぞれの議会は，管轄分野では最終決定者である．つまり連邦レベルの議会と州レベルの議会の間で立法権の分割が行われているのである．「連邦」を成立させるためには，2つのレベルの政府の間での立法権の分割が不可欠である．どのような分割をするかの契約書に相当するのが連邦憲法である．立法権の分割が憲法に明記されていなければならないのは，法律制定権を規定する文書は，法律よりも至高でなければならず，またどちらかの政府が一方的に改正できるものであってはならないからである．

連邦政府の決定は拘束力をもち，州政府を経由せず，直接市民に作用する，ということが，「連邦」と「連合」を峻別している．制度における違い以上に，成立までの過程に注目すれば，「連邦」を実現させる難しさがより明確になる．地域政体が統合し，連邦主義を制度化しようとする際，もっとも関心をもつのは，統合がもたらすメリットと主権への影響である．「連合」は，前述したように，地域政体の主権を浸食しない統合の形態である．共通機関の決定は拘束力をもたず，地域政体は自身の判断でそれを遮断したり執行したりできるのである．市民への統治権力の行使ができるのは，地域政体だけであることには変わりない．地域政体は，その主権を維持しながら，統合のメリットが享受できるのである．

「連邦」は，地域政体に主権の一部譲渡を求める．つまり連邦政府が決定執行するとした事項については，地域政体は権限を失うのである．立法権を，連邦政府と州政府の間で分割するのであるから，「連邦」形成前は100％であった地域政体の主権は，「連邦」形成により減じることになる．これを国家主権の浸食と考えるか，統合によってもたらされるメリットは権限の減少を補ってあまりあると考えるか，「連邦」が形成できるか否かの分水嶺である．後者の考え方の制度化とも言えるのが，連邦の決定に地域政体の意見を反映させるチャネルの創設である．図4-2において③で示している矢印である．矢印が向いている先は，議会である．①の矢印が向いている先も議会であるが，それとは違う議会である．つまり議会には2つの院をおき，①は国民代表の院，③は地

域代表の院とするのである．連邦国家が必ず二院制をとるのはこのような理由による．

　図4-2において，③の矢印の向いている先は，連邦議会第二院であるが，矢印が出ているところは，州政府と市民の2種類が示されている．これは，州政府が州の代表を選出する場合と，州民が州の代表を選出する場合があるからである．連邦制を初めて国家制度として成立させたアメリカは，上院議員は，建国当初は州議会により選出されていたが，憲法修正第17条(1913年)により，州民の選挙により選出されるようになった．ドイツ連邦参議院は，州政府の代表者で構成されている．

　連邦議会の決定に地域政体が参加できるチャネルを制度化し，地域政体の代表性を第二院において確保したとしても，「連邦」の形成が容易ではないのは，主権の一部喪失が前提となるからである．「連合」がゆるやかな統合であり，「連邦」が強い統合であるのは，共通機関の決定の拘束力の有無によるのであり，これが地域政体の主権に影響するのである．

　一方的支配を排除し，自治と統合を同時に実現させる連邦主義は魅力的である．「連合」の形態は政治次元だけでなく，組織の形態として多用されている．その一方で「連邦」の形態をとることへは慎重さが目立つ．「連合」と「連邦」は，広く言えば連邦主義という同じカテゴリーにあり，統合の度合いの違いだけのように見えるが，主権の問題が絡めば，本質的な相違を見せる．スイスは小国家連合の状態が5世紀半続き，内戦まで経て連邦化した．EUはEECから見れば統合は進んでいるが，それは「連合」のなかでの統合の強化であり，構成国家の主権に抵触する「連邦化」には反対が多い．では政治制度として連邦制をとる国家は，どのように成立しえたのであろうか．

第2節　連邦国家の成立 ── 国家の政治制度としての連邦制

(1)　連邦国家の成立 ── アメリカ合衆国

　アメリカ連邦制は，近代国家制度として最古の連邦制であり，また現在まで続いている成功した連邦制でもある．これを確立したのは1787年憲法である．アメリカは独立と同時に，連邦国家を建国したのではない．独立宣言(1776年)

から，連邦国家建設(1787年)までの約10年に何があったのだろうか．まず独立戦争である．

13植民地の英国への不満は，次の2点に収斂できる．第1は，議会の弱さである．植民地は代議制の議会を有していたが，統治の実権は，総督と総督が任命する評議会にあり，議会の決定が無視されることも多かった．第3章の図3-1で示した植民地政府の状態(議会と統治権が隔絶)である．植民地の人々は，自分たちの代表から構成される議会が，総督とその側近たちにより軽視されることに，不満を募らせていた．英国への不満の第2は，植民地への課税である．1760年代から70年代にかけて，本国との軋轢が深まったのは，七年戦争(フレンチインディアン戦争)によって財政状況が悪化し，北米の現場である植民地に財政負担が求められたためである．「代表なければ課税なし」をスローガンに課税反対運動が展開された．

不満が充満するなか，1775年に植民地の人々と植民地駐留の英国軍との間に戦闘状態が発生，植民地側は，独立軍を組織し，独立戦争が始まった．独立軍に参加した13植民地は1776年フィラデルフィアに代表を送り，7月4日，「大陸会議 Continental Congress」として独立宣言を発したのである．独立戦争はその後6年にわたり続き，1783年パリ講和会議において独立が承認された．

13の植民地の代表者から構成される「大陸会議」は，1777年11月，「連合規約 The Articles of Confederation」を可決している．発効は1781年3月である．この間は独立戦争に忙殺されていた．規約発効により樹立された共通機関(連合政府)は，きわめて限定された権限しかもたず，財源ももっていなかった．このような政府では，独立国家を建設するには弱体すぎることが判明した．独立は承認されても，軍事的脅威は消えたわけではなく，このような脅威に備えるためにも強い国家像を対外的に示す必要があった．また戦費の償還や兵士への報酬の支払いなどによる財政危機への対応や，商業や通商の拡大のために邦の間の関税障壁を撤廃するという経済面での要請もあった．軍事・政治，財政，経済におけるこれらの課題を解決するには，「連合規約」の見直しが必要であるとの認識が共有された．

1787年，フィラデルフィアで憲法制定会議が開催された．この会議において起草された文書が1787年アメリカ憲法である．「より完全な連邦を形成」と

明記されている．連合から連邦への移行が実行に移され，連邦国家が成立した．

(2) 国家の政治制度としての連邦制のデザイン

緩やかな連合を「より完全な連邦」に移行させた1787年憲法は，強力な国家政府の樹立を主張する人々(連邦派 federalist)と，邦 state が強い権限を持ち続けることを主張する人々(連合派 anti-federalist)との間での議論の末，起草された．

当時の国家はほとんどが王国(君主制)であった．フランスは絶対王政である．イギリスでは立憲君主制となっており，君主と議会で統治の分業が行われていたが，これは中央政府における分業であり，地方は中央政府の支配下にあった．スイスの邦 canton は，共和政小国家であり，それらが集まり同盟を形成していた．図4-3は，権力集中-非集中を1つの継続線として描き，政治制度を位置づけたものである．王国は，地方に自治権を認めておらず，権力が中央政府(王，議会，宮廷など)に集中した単一制度である．これとは対照的に，スイス誓約同盟は小国家連合であり，各邦が主権を保持しながら同盟会議を形成しているので，権力は多元的である．単一制度か国家連合か，当時の選択肢はこの2つしかなかった．当時のアメリカの状態が連合であることから，強力な国家政府樹立派は，単一制度をほぼ想定していた．連邦派は集権派であったのである．これは邦の主権の制限が前提であるから，連合維持派から激しい抵抗を受けることになった．

フィラデルフィア会議で目指されたのは，国家政府 national government の設計である．「連合規約」のもとでの共通機関では脆弱すぎ政府として有効に機能しない現実が，国家政府の必要を強く認識させたからである．会議の展開は，州権に優越する強い国家政府を描くバージニア案と州権の優位を主張するニュージャージー案の対立から始まり，両案の妥協点を，バージニア案を修正しながら見つけていく過程であった．とくに次の5点が争点であった．

第1は，連邦議会への州の代表性である．州は平等に代表を送るのか，それとも人口や富に左右されるのか．ニュージャージーなど小さな州は前者を，バージニアは後者を主張した．結局，下院は人口比例とし，上院は各州同数の代表とすることで妥協が成立した．第2は，上院議員の選出についてである．州

議会による選出とすることで，州権を尊重する形となった．第3は，州法への連邦拒否権である．これはバージニア案の単一制度指向をもっとも顕著に表している．前述したように，この時代，国家の政治制度として既存の選択肢は，単一制度しかなかった．国家連合ではなく国家政府を創設するということは，単一制度と同義であり，国家政府の地方への優越が当然の主張となったのである．連合派が強力に反対したのもこの点である．結局，この提案は削除され，州の立法の禁止事項がその代替となった．第4は，大統領の選出方法である．バージニア案では国会により選出されるとされていたが，これに対し有権者による選挙が主張された．会議では，まず議会による選出が決定されたが，これは翻され有権者による選挙が決定，さらにこれが翻され再び議会による選出となるなど，二転三転し，結局，州をベースとし選挙人による選出ということになった．この方法では，州の果たす役割は大きく，州権が尊重された形となった．第5は代議士の住所要件である．上院議員はもとより下院議員もその州の住民であることが要求されることになった．

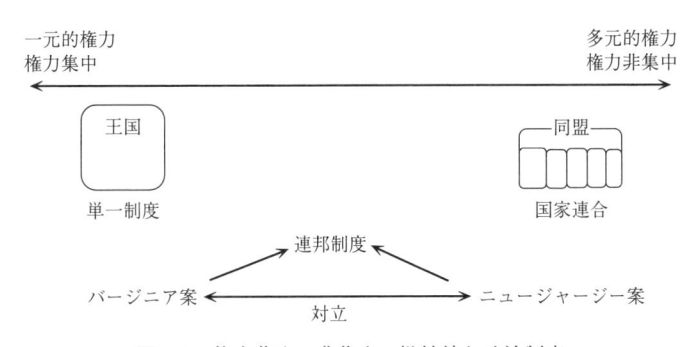

図4-3　権力集中‐非集中の継続線と政治制度

これらの点を中心に議論され起草された憲法は，近代国家の政治制度に大きな貢献をすることになった．王国（単一制度）でもなく，同盟（国家連合）でもなく，その間に位置する政治制度を考案し実現させたことである．図4-3の下方で示したように，対立する両案の間での妥協は，単一制度と国家連合の間に，連邦制度を誕生させることになった．単一制度は中央政府の地方に対する優位，連合は構成メンバーの共通機関に対する優位が特徴であるが，その中間に位置する連邦制度は，連邦政府と州政府の間には，このような支配‐従属関係はな

いとしたのである．2つのレベルの政府は，関係の優位性で規定されるのではなく，国家統合と州の自治をそれぞれ実現させるための政府として，役割は異なり地位は対等 coordinate であるとしたのである．これにより，政治参加と共同体の規模の問題が解決し，民主政を確保しながら規模の大きな国家が誕生することが可能となった．

第3節　連邦制度と単一制度

(1)　連邦制の定義

　連邦主義には「連合」と「連邦」の2つの形態があるが，長い間「連合」しかなかった．アメリカ合衆国の建国をもって，国家の政治制度としての「連邦」がはじめて制度化された．連邦制国家の成立は，国家制度としては単一制度しかなく，連邦主義は超国家レベルで実践される「連合」形態でしか実現しないというそれまでの現実を覆した．アメリカ建国は，連邦制だけでなく，共和制・大統領制も創設しており，統治機構の設計図は一気に増えた．統治権の所在から見れば，君主制か共和制，議会と行政権の関係から見れば，議院内閣制か大統領制，そして中央と地方の関係から見れば，単一制か連邦制である．

　連邦主義を連邦制として初めて政治制度化したのがアメリカであることから，アメリカ連邦制が連邦制の典型のように思われがちである．しかし連邦制の特徴は，より根本的には，「連合」との違いのみならず，国家の政治制度として単一制度との違いにおいても明確であることが重要である．国家の政治制度としての連邦制は，どのように定義されるのであろうか．

　単一制度は中央政府の地方に対する優位，連合は構成メンバーの共通機関に対する優位が特徴となっている．連邦制度では，連邦政府と州政府の間に支配－従属関係はなく，両者は対等である．これが，政治制度としての連邦制の基本原則となっている．この対等性を担保するのが，それぞれの政府が最終決定者となることである．すなわち連邦政府は国家政府としての役割，州政府は人々に近い地域政府としての役割と，2つのレベルの政府の異なる役割を立法事項・立法分野として連邦憲法に明記することで，それぞれが最終決定者になれるのである．立法権の分割であるがゆえに，どちらかの議会で改正できるも

のではなく，国家の統治制度の骨格を記す連邦憲法に書かれなければ意味がない．

「連合」が連邦制とは異なるのは，2つのレベルの政府の間での立法権の分割を明記した国家憲法(連邦憲法)を要求しないことである．逆に言えば，立法権の分割を明記した憲法の存在が，連邦制であることを保障するのである．国名に連邦とついていても，連邦憲法をもたない国もある．カナダもアメリカも国名には連邦という言葉はないが，連邦憲法をもっている．連邦制を単一制と区別する基準は，このような憲法しかない．憲法において，2つのレベルの政府の間での立法権の分割が明記されていることが，もっとも本質的な連邦制の構成要件なのである．

これを基本としながらいくつかの要件を加えることもある．憲法において立法権が分割されるのであれば，それぞれの政府の立法がこの分割に反していないかを判断する審判機関の存在，2つのレベルの政府がともに憲法改正手続きへの権利をもつこと，連邦立法に地域(州)が参加するための第二院の存在などである．

(2) 連邦憲法における権限分割の特徴

連邦制度と単一制度を区別する基準，あるいは連邦国家であるか否かを判断する基準が2つのレベルの政府の間での立法権の分割を明記している憲法(連邦憲法)である．連邦主義的であっても，憲法に立法権の分割が明記されていなければ連邦制ではない．立法権の分割とは，連邦政府と州政府がそれぞれどのような分野(事項)において立法権を行使できるかが，憲法に書かれていることである．憲法により，それぞれのレベルの政府の存在と権限が保障されていなければならない．

世界で初めて国家制度としての連邦制を成立させた1787年アメリカ憲法は，連邦議会が立法する事項を列挙している．州の権限に言及がないのは，この憲法は国家政府の創設と設計を目指したものだからである．連合状態を出発点としており，「より完全な連邦」を目指すのであり，邦がもっている権限のどれを国家政府の権限とするか，つまり邦の権限の国家への移譲が争点となっていた．連合維持派と連邦形成派が対立するなかでの憲法制定であり，国家政府の

権限が限定的に列挙されることになったのである．国家政府に移譲されない権限は邦が留保するのは当然であった．しかし1つの政府の権限を列挙しただけでは，権限分割にはならない．権限分割には，列挙されなかった権限（残余権）がもう1つの政府に属するという規定が必要である．アメリカ憲法は修正第10条でこれを規定した．修正第1条から第10条までは，修正というより1787年憲法に欠けていた部分を補う内容が多い．批准を待つ過程で憲法に加えるべきとされた内容が多く，1791年に10条がまとめて成立している．

アメリカ連邦制の権限分割は，したがって，連邦権の限定列挙と州への残余権付与が特徴となる．アメリカの連邦制研究者が，残余権が州にあることを連邦制の基準としてあげることが多いのは，このためである．立法権の分割は連邦制の基準であるが，州が残余権をもつことは必ずしも要件ではない．これは権限分割における1つの特徴にすぎない．実際には，ほとんどの連邦国家は，残余権は州にあるとしているが，カナダとインドでは，残余権は連邦にある．

表4-1は，権限分割の方法に焦点をあてながら，実際の連邦国家の特徴をまとめたものである．

(3) 連邦制＝分権国家？

2つのレベルの政府の間での立法権の分割を憲法に明記する連邦制国家は，分権国家なのであろうか．現実を見ると必ずしもそうは言えない．分権的な連邦国家もあれば，集権的な連邦国家もあるのである．連邦制をとっても必ず分権国家とはならない原因は何であろうか．

まず第1は，権限分割のデザインである．権限が分割されることは確かに分権的であるが，それだけで分権が担保されるのではない．どのように分割されているかにより，実態は大きく異なるのである．

権限分割の方法としては，①連邦の権限を列挙，残余権は州，②連邦の権限，州の権限を列挙，③連邦の権限，州の権限，連邦と州の共管権限を列挙，の3つに大きく分けられる．州の権限を列挙し残余権を連邦に，という方法はとられない．①の場合，州への残余権の明記がなければ，2つのレベルの政府の間での権限分割とはならないが，②と③の場合は，それぞれのレベルの政府の権限が列挙されることで権限分割が明らかである．それでも残余権がどちらの政

府にあるかは明記される．①②③に共通するのは，連邦の権限は必ず列挙されるということである．

①の方法は，それを最初につくりだしたのがアメリカ憲法であることから，列挙される連邦権限はきわめて限定され，州は広範な権限を留保すると思われがちである．しかしアメリカ以外で①の方法をとる連邦国家（ラテンアメリカの連邦国家など）は，広範な権限を連邦権限として列挙している．州は残余権をもつが，州の権限として残されている部分は小さい．②と③では，州の権限が列挙される．憲法において州の権限が列挙されることは，州がその分野における最終立法者であることを明示する．しかしこの方式をとる連邦国家の憲法を見ると，州の権限は少ない．

連邦制をとる国家は，権限分割を憲法に明記するが，どのような権限分割を行うかは，各国の事情によって異なっているのである．ほぼすべての権限を連邦権として列挙すれば，残余権は州にあっても，州が立法できる事項はないに等しい．連邦制が必ずしも分権国家を成立させるとは限らないのである．

第2は，政党である．憲法における権限分割やそのデザインは，統治構造としての枠組であるが，政党は制度を動かすアクターとして，実際の立法の過程において統治構造とは異なる次元で分権に影響する．

立法権の行使の場である議会のメンバーの代議士を送り出す政党が，中央執行部を頂点とし地方組織を底辺とするピラミッド階層構造で，そしてこのような政党が連邦レベルでも州レベルでも与党となると，党の構造が連邦構造を凌駕する．

また，一党優位や一党独裁も，立法権の分割が統治構造として憲法に明記されていることを意に留めない．実際の政治に関わる政党が1つしかなければ，実質的にはその党が権力を掌握する党治国家となるのは，旧社会主義圏の連邦国家が示した実態であった．

連邦制をとっているが，集権国家であるのは，メキシコ，マレーシア，オーストラリアである．これらの国々は，憲法における権限分割のデザインの段階で，連邦と州のバランスはすでに連邦に強く傾いているが，実際の政治の展開はさらにこの傾向を促進している．その主要因が政党である．

表 4-1　各 連 邦

アメリカ連邦制	連合から連邦へ．世界初の成文憲法・連邦憲法(1787年憲法)．同盟(連合)と帝国(単一制度)の間に位置する政治制度の考案．連邦政府と州政府の対等性．新たな主権概念．連邦権限を限定的列挙．残余権は州．憲法修正をとおして連邦権は強化(所得税の賦課徴収権など)．上院議員は州議会による選出であったが，州民の直接選挙に変更．多民族社会であるが連邦制は文化的亀裂調整の意図をもたない．
カナダ連邦制	議院内閣制と連邦制，立憲君主制と連邦制の初めての組み合わせ．連邦権限と州権限の双方を列挙．残余権は連邦．副総督の留保権のため「準」連邦憲法と見なされるが，とくに戦後は州の発言力が強くなり，実態はきわめて分権的．連邦－州首相会議・閣僚会議など，政府間交渉の制度化．ケベック問題がカナダ連邦制のあり方に挑戦．
オーストラリア連邦制	立憲君主制・議院内閣制・連邦制．カナダと異なり立憲君主制(総督)が問題として認識，共和制への移行を模索．連邦権の列挙．残余権は州．連邦列挙権限の多くは競合権限で州の立法は可能だが，州法は連邦法に抵触する場合は無効．憲法改正に国民投票が必要．党派対立(労働党と保守系)の政治で，上院は地域代表機能より党派代表的．
アルゼンチン連邦制	スペイン植民地固有の理由(caudillo)，ブエノスアイレスと内陸部の対立などが連邦制を採用させたが，覇権をめぐる内戦，軍政，ポピュリズムに翻弄．制度としては連邦制であるが，実態は中央集権．連邦権の列挙，残余権は州．
ブラジル連邦制	植民地であったが，ポルトガル本国がナポレオンに占領されたため王室がブラジルに避難し王国に昇格．帝政を崩壊させた勢力が連邦制を導入．無血の独立．内乱なき共和制移行．独裁，軍政を経て，1980年代民政移管と新連邦憲法．3つの政府レベル(連邦，州，自治体)の間で権限分割．立法権，行政権のみならず課税権の分割も憲法に明記．
メキシコ連邦制	12年間の独立戦争，独立後も特権階級の保守派と改革派が対立．連邦主義は自由主義イデオロギーと同義であり，形式的でも連邦制を維持．実態は中央支配．独裁を経て1910年メキシコ革命．1917年に革命終結．新憲法は革命(社会改革)を制度化．連邦権を列挙．残余権は州だが広範な連邦権ゆえに州権は弱い．制度的革命党(PRI)の一党支配体制のもとでは，大統領と政党を通しての地方支配が続き，制度としては連邦制でも実態はきわめて中央集権．PRI体制の崩壊，NAFTA締結は，分権化を促進．

制の特徴

インド連邦制	連邦的統治は，植民地期にインド統治法(1919年及び1935年)により導入．独立後の1949年憲法により連邦共和国が成立． 1956年州再編法により言語ベースに州を再編．以後も州の分割や創設． 連邦と州の間の立法権の分割は，3つのリスト(連邦権限，州権限，競合権限)に明記．残余権は連邦． 連邦与党と州与党が異なる場合，非常事態規定を発動し州政府の解体を試みることが多い．
マレーシア連邦制	1963年マラヤ連邦を拡大する形で成立．1965年にシンガポールが分離独立し13州構成．11州がマレー半島，2州がボルネオ島に位置． 連邦と州の間の立法権の分割は，3つのリスト(連邦権限，州権限，競合権限)に明記．残余権は州． ボルネオ島諸州への特別規定． 連邦与党と州与党が異なる場合，州政党を連邦与党の連立へ取り込むことが多い．
スイス連邦制	連合から連邦へ．13世紀末の永久同盟以来，5世紀の間，連邦主義的実践を蓄積したが，国家制度として連邦制をとったのは1848年．1874年憲法改正により連邦権が強化．以後100回以上の憲法改正(改正には国民投票必要)． 連邦制には文化的亀裂の調整機能を期待．同輩合議制，直接民主政，多極共存主義は，国家統合のみならず州の自治を強化．
ドイツ連邦制	ボン基本法により成立した西ドイツ連邦制に，ドイツ統一に伴い，旧東ドイツ地域を包含し，16州で構成． 連邦は列挙権限，州は残余権．連邦の立法権は，専管立法，共管立法，大綱的立法に分けられて列挙．州の専管立法事項は多くないが，連邦立法分野においても限定的であるが立法可能． 州は州法の執行のみならず連邦法も執行．単一的連邦制(unitary federal)と形容される特徴． 連邦議会への州の参加の制度化(連邦参議院)．
ベルギー連邦制	単一制度から連邦制度へ移行． 連邦化の契機は，言語問題(言語の政治化，集団権化，領域化)． 連邦化推進のアクターは政党． 新憲法の制定でなく，憲法改正による連邦化．大幅な憲法改正(1970年，80年，88年，93年)により，枝項が増えてわかりにくくなったため，内容はそのままで全面書き換え．1994年2月17日憲法．

(4) 連邦制国家と単一制国家

連邦制＝分権国家，単一制＝集権国家，と安易に思われがちであるが，そうではないのである．連邦制をとりながら集権的な国家もあり，単一制であっても分権的な国もある．

2つのレベルの政府の間での立法権の分割を憲法に明記する，という連邦制度は，立法権が国会に一元化されている単一制度よりも分権的な構造であることは確かである．地域政府（州政府）の存在と権限が憲法により保障されているからである．しかし分権的かどうかは，権限分割のデザイン次第である．

国会に立法権が一元化していることが単一制の根幹であるが，だからと言って地方政府が自治立法権（条例制定権）をもたないわけではない．条例の制定は，法律の範囲内で，法律に抵触しなければ，あるいは法律空白分野において，可能である．法律と条例の関係は，国法秩序から見れば，法律が優位にある階層構造になっている．しかし法律を制定する国会も，条例を制定する地方議会も，そのメンバー（議員）は，直接選挙により選出されており，民主的正統性から見れば，優劣の関係にはない．国会は国民，地方議会は住民と，選出の基本となる領域の範囲が異なるだけである．

法律と条例が，国法秩序において階層構造にあることは，単一制度においては否めない事実である．連邦制と単一制の最大の違いを，国法秩序の階層性と言い換えることができる．連邦制では，連邦議会と州議会は，それぞれ憲法で付与された分野における立法の最終決定者であり，連邦法と州法は階層関係にない．

(5) 法令の規律密度

図4-4は，単一制度における立法と執行の流れを，国と地方自治体の関係において示したものである．単一制度をとる以上，立法権は国会に一元化している．すべての分野の法律を制定するのは国会である．しかしこれは，国会がすべての法律の内容を詳細にわたり制定することを意味するものではない．実際は行政府への委任立法にまかされる部分は大きい．図4-4の①である．政令，省令，法の施行のための施行規則などが詳細につくられると，法令の規律密度は高くなる．

中央政府(行政府)への委任立法などにより，中央政府レベルでの法令の規律密度が高くなると，地方自治体は中央政府で決めたことを執行(図4-4の③)するだけの機関となってしまう．自治立法可能な範囲もなく，執行において微に入り細に入り決められたことに従わなければならず，まったくのエージェントとなる．

図4-4の①のように，国のレベルで立法府から行政府へ委任が行われると，行政次元での集権体制となると同時に，法の所管官庁が強い権限をもつ中央政府割拠状態となる．③のように各省から個別行政分野ごとに執行の指示が来れば，地方レベルで中央政府の縦割り行政が再現する．

図4-4の二重線の矢印は，選挙を示している．日本では，地方の首長は直接選挙で選出されるが，そうではない国もあるので，二重の点線としてある．国会の選挙(政治参加)があるので，中央政府と地域社会(現場)の間には双方向性は成立している．しかし決定の場(中央政府)と現場の距離は遠い．現場の市民の視点にたてば，国(中央政府)は遠い政府である．中央政府レベルの決定の場において重視されるのは，それぞれに異なる現場の状況やニーズへの応答性ではなく，全国的画一性である．しかも省庁ごとの行政縦割りのなかでの画一的行政であり，総合性と多様性が必要な地方行政にとっては二重苦となる．

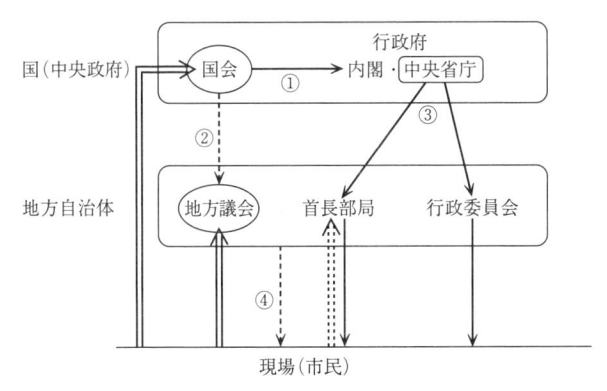

図4-4 単一制度における立法と執行の流れ

(6) 立法分権——単一制度における最強の分権

現場に近い政府が決定権をもつことで，中央省庁の組織の論理に左右されず

現場のニーズに合った総合的な公共サービスを提供することができるようになる．図4-4の④である．また地域社会のさまざまなリソースを，公共サービスの供給の担い手として動員することも可能になる．決定権をもつことで，地方自治体と住民の間の双方向性が実効性をもつようになる．統治権力との距離が近いことは，民主政にとって重要である．

図4-4の②で示しているのは，地方に関わる事項や分野については，国会が制定する法律は大綱的とし，詳細は地方議会が定めることができるようにする条例委任である．国法秩序を維持したまま，中央政府レベルにおける法令の規律密度を下げ，地方レベルにおける自治立法で代替する立法分権である．これは単一制度において分権を実現する最強の方法である．これにより地方レベルで決定と執行の場が一致し，住民と統治権力の距離が近くなる．

(7) 単一制度における立法分権と連邦制度における立法権分割

英国ブレア政権のもとで行われたスコットランドへの分権 devolution は，立法分権である．スコットランド議会は，国家の存立に関わる事項以外について立法できるようになったので，これを立法権の分割ととらえ連邦制化しているように思われがちだが，そうではない．スコットランド議会に立法権を付与したスコットランド法 Scotland Act (1998年) は，国会 Westminster が制定した法であり憲法ではない．これはスコットランド議会に関わりなく，国会が一方的に改正できることを意味する．スコットランド法は，スコットランド議会に第1次立法権（自治立法）と第2次立法権（規則の制定）を付与しているが，国会が最高立法権限を持ち続けることを明記している．議会主権を国是とする英国は立法権の分割は行わない．単一制度を維持し国法の秩序を堅持しながら，最大限の分権を行ったのである．

スコットランドへの分権と同時期に，ウェールズへの分権（ウェールズ法 Wales Act 1998) も行われたが，ウェールズ議会に与えられたのは第2次立法権のみである．スコットランドとウェールズでは権限が異なり，さらに北アイルランドに対しては異なる対応がされており，英国は1国多制度となっている．英国の正式国名は連合王国であるが，地域ごとに異なる権限であっても，それらの根拠は，国会の制定法を頂点とする国法秩序の階層構造のなかに位置づけ

られる単一制度である．ウェストミンスターの議会主権には揺るぎはない．

単一制度では立法権は最終的に国会のみが有するのであるから，それが担保となり地域議会の自治立法を広範に認めても国法秩序は乱れない．また，ある地域にその地域が必要とする権限を与えるといったような1国多制度を容認しても，最終権限を国会が有する単一制度では，国家統一は脅かされることはない．

ある地域を「特別扱い」するこのような非対称（アシメトリー）を，連邦制は認めない．連邦制は，2つのレベルの政府（連邦政府と州政府）の間で立法権分割をする制度であり，州政府は個々の州政府の前に，州政府レベルという包括的存在として立法権が与えられている．特定の州政府が特別の権限を有することを認めれば，2つのレベル，という前提が危うくなる．カナダがケベックの問題を解決できないのはこのためである．アシメトリーを認めない連邦制では，憲法が州政府に付与する立法権（立法分野）はどの州に対しても同じものである．しかし法の内容はそれぞれの議会が決めるので多様である．例えば，ほとんどの連邦国家では教育に関する立法権は州に与えられているが，州ごとに法の内容は異なっている．州は，人の地理的流動性を考慮しており，例えば義務教育の年限など基本的な枠組については共通性が見られるが，学校の運営や教育内容は，それぞれ異なっている．

第4節　独立変数としての「分権」

(1)　分権／集権のゼロサム思考からの脱却

単一制度か連邦制度かを決めるのは，立法権の一元化か，分割かであり，とりわけ後者では，憲法にそれが明記されることを要求する．憲法が政治制度を決めるのである．しかし分権国家となるか集権国家となるかは，政治制度だけに起因するものではない．連邦制度をとれば分権国家が保障されるわけでも，単一制度をとれば集権国家となるわけでもない．さらに言えば，分権国家と言われる国家は何をもって分権国家と言われているのか，集権国家と言われる国家は何をもって集権国家と言われているのか，明確ではない．国家政府と地方政府は，それぞれ役割が異なるのであり，国際社会における国家の視点からは

国家政府が，人の視点からは日常生活に関わる属地的な地方政府が重要となる．政府の機能は，権限の量だけで判断できるものではない．分権／集権をゼロサム的に考えることで，見えなくなるものは多い．分権も集権も同時に観察できる現実を，ゼロサム思考は説明できない．

　基礎自治体（市町村）に焦点をあてると，分権／集権の枠組では，統治機構の構造も，政府間関係という行政の実態も，説明できないことがわかる．例えば，統治構造としては連邦制は分権的構造の特徴を呈しているとされるのは，連邦憲法に拠るが，立法権分割の主体は，2つのレベルの政府，つまり連邦政府と州政府である．自治体（市町村）は，ほとんどの連邦国家で，州の管轄とされており，州法が自治体の存在，あり方，権限などを決める．州の数だけ地方自治法があるのである．州と自治体の関係は，単一制度のもとでの中央と地方の構造に類似している．仮にこれを集権的であるとすると，連邦と州については分権的，州と市町村については集権的な構造となり，これに政府間関係や行政の実態を入れると，分権／集権の二元対立思考では，説明がつかなくなる．

　ナショナル（国家），リージョナル（広域自治体・地域政府），ローカル（基礎自治体・市町村）と，少なくとも3つの政府レベルがある．地方レベルの2つについては，連邦制国家ではリージョナルレベルが，単一制国家ではローカルレベルの政府が重視される．

　集権／分権の枠組が，中央−地方関係の実態を説明しえない第3の理由は，参加である．フランスは中央集権国家と言われる．パリ（中央）によるペリフェリー（地方）の管理，とも言われる．しかしじつはそのパリの決定に地方が参加しているのである．立法府そのものへの参加であり，市町村長や県会議長が国会議員でもあるという，人と職をとおしての参加である．立法権が国会に集中していても，その立法権を行使する代議士の多くが地方の代表者なのである．国政への参加と現場の自治，政治次元と行政次元を考慮に入れると，集権か分権かはゼロサムではないことが明らかである．

(2) 分権モデル

　暗黙のうちにゼロサム的思考に陥りがちな分権／集権の二元性から離れるには，「分権」を独立変数とすることが必要である．連邦制度か単一制度かとい

第4節 独立変数としての「分権」

う政治制度だけにこだわらず実態も分析でき，基礎自治体（市町村）についても射程に入れることができ，自治だけでなく参加の側面も分析できるのは，「分権」を説明変数とした場合である．そのためには，分権の概念を明確にしなければならない．分権の概念を構成する主要要素を基準として，複数のモデルを創ることで，概念の明確化をはかってみよう．基準としたのは，全体機関と地域機関の存在の根拠，両者の関係，それぞれの選出方法，市民との関係などである．これらにより分権は，4つのタイプ（連合型，連邦型，単一型，出先型）に区別できる．表4-2は，その4つをモデル化して示したものである．

このモデルを使えば，1つの国家のなかで，国家レベルと地方レベルの関係において，統治権力の行使機関（行政機関）がどのようなネットワークを形成しているか，あるいはどのように張りめぐらされているか，国民への公共サービスをどのような組織が提供しているかなどを，簡潔に把握することができる．

単一制国家では，国と地方自治体の関係は単一型分権により規定されるが，出先型分権は，中央省庁とその地方支分部局，県庁とその出先機関の間に見られ，連合型分権は，自治体間協力の制度化の方法として有効で，一部事務組合や広域連合として具現している．

連邦制国家では，連邦と州の関係は連邦型分権により規定されるが，州と市町村は単一型分権である．連邦はその管轄権限の執行機関として各地に出先機関をおいており，出先型分権もある．連合型分権により，市町村が広域行政機構を創り公共サービスの提供を行うことを奨励する州もある．

連邦制国家では，連邦型，単一型，出先型，連合型のすべての分権の形態が観察でき，単一制国家では，単一型，出先型，連合型がある．連邦型分権は連邦制国家においてのみ実現している．政治制度で分権／集権を決めつけるのではなく，分権モデルで政治制度や行財政制度などを説明するのである．

これら4つのモデルは，分権を構造としてとらえており，実態面を説明するには，さらに決定と執行に焦点をあてたモデルが必要である．例えば単一型分権では，立法権の中央集中と執行者としての地方が特徴であるが，そのなかにもバリエーションがある．中央が決定したことを地方が執行することを前提としても，細かい点まで中央が決めその忠実な執行を求められる場合と，地方が地域の実情に合わせて判断しながら執行できる場合がある．後者では地方は決

表4-2 分権のメインモデル

	連合型	連邦型	単一型	出先型
AとBの関係 A：全体レベル B：地域レベル	AはBの協定により創りだされており、その地位と権限はBの影響下にある	A，Bそれぞれの地位と権限は、憲法により規定されているため相互不可侵	BはAの法律により創りだされており、その地位と権限はAの影響下にある	BはAの一部でありAに従属している
決定と執行の関係 Ⓖ：決定者 Ⓐ：執行者 □：自立した組織 ↓：命令系統	A[Ⓖ⇅Ⓐ] B[Ⓖ→Ⓐ] 1,2 1：Aの決定権はBにより与えられる 2：Aの決定はBの承認がなければ効力をもたず、その決定の実現はBによる執行に依存している	A[Ⓖ→Ⓐ] B[Ⓖ→Ⓐ] A，Bそれぞれにおいてその決定は最終決定であり、執行に移される	A[Ⓖ⇅Ⓐ] B[Ⓖ→Ⓐ] 1,2 1：Bの決定権はAの影響下にある 2：AはBに関する決定をBに執行させる	A[Ⓖ→Ⓐ] B[----Ⓐ] Aの決定は最終決定である Bは決定者ではなくAの決定の執行者にすぎない
B（A）の地位，権限の根拠	A：Bの間の協定	A，B：憲法	B：Aの法令	B：Aの法令
B（A）の統治者の選出方法	A：任命	A，B：選挙	A，B：選挙	B：任命
Bの財政		自主財政しかしAからBへの財政移転はある	部分的自主財政 制限的課税権	Aに依存
市民との関係	Aは市民を直接統治しない 市民はBのみに参政権をもつ	A，Bの双方が市民を直接統治する 市民はA，Bの双方に参政権をもつ	A，Bの双方が市民を直接統治する 市民はA，Bの双方に参政権をもつ	Bは市民とのチャネルをもたない

出典：岩崎美紀子『分権と連邦制』ぎょうせい、1998年、5頁

められたことを執行することには変わりはないものの，執行にあたっての裁量が大きいので，かなりの自由度を享受していることになる．

決めるのは中央政府であっても，その決定過程において，法案の内容に地方が影響を与えることができれば，実質的な決定者の一部となりうる．影響を与えることができるかどうかは，地方が中央の決定過程に何らかの形で参加ができるかどうか，中央が地方の影響力を遮断しない（できない）かどうかに拠る．第3章の図3-8で示したように，立法過程のさまざまな段階で，地方の影響力の行使が可能である．

中央と地方の間の関係を，このような実態面において分析するために，「中央の決定を地方が執行する際の裁量」と「地方に関係する中央の決定への地方の影響力」の2つを軸として，モデル化したのが表4-3である．表4-2で示した分権の4つのメインモデルのそれぞれにおいて，表4-3で示した4つのサブモデルを組み込むことで，分権を静的側面（構造）と動的側面（実態や政府間関係）から見ることができるようになる．例えば，立法権が国会に一元化している単一制においても，立法過程において，地方が影響を与えることができれば，実質的に立法権の行使に関わることができる．あるいは法で決められたことを執行する場合，法が大綱的あるいは枠組的であれば，条例や規則で決められる余地は大きく，執行にあたって現場性を活かすことができる．

表4-3　分権のサブモデル

	中央の決定を地方が執行する際の「裁量」	地方に関係する中央の決定への地方の「影響力」
サブモデル：Ⅰ型	×	×
サブモデル：Ⅱ型	×	○
サブモデル：Ⅲ型	○	×
サブモデル：Ⅳ型	○	○

(3)　権力の一元化‐多元化継続線へのモデルの位置づけ

連邦制をとりながら中央集権的な国や，単一制国家で分権的な国など，制度と実態が交差するケースは，暗黙の前提（連邦制＝分権，単一制＝集権）の呪縛のなかで，明快な理解が困難であった．しかし，権力の一元化と多元化を継続

線として，構築した分権モデルを位置づけ，それを分析のツールとすることで，制度のみならず実態や，制度と実態の関係を明快に説明することができるようになる．

図4-5は分権の4つのメインモデルを，権力の一元化‐多元化の継続線に位置づけたものである．国家の政治制度としては，連邦制度と単一制度のどちらかであり，政治制度の視点から見ると，単一型と連邦型の間で線が引かれる．

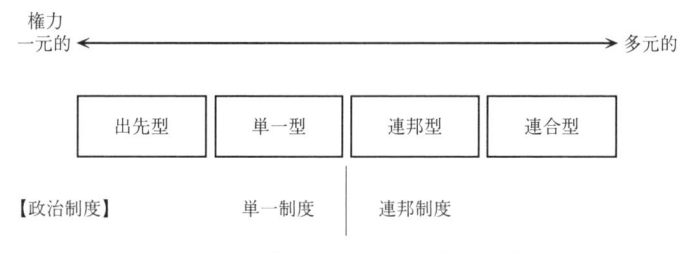

```
権力
一元的 ←――――――――――――――――→ 多元的

     ┌──────┬──────┬──────┬──────┐
     │出先型│単一型│連邦型│連合型│
     └──────┴──────┴──────┴──────┘

【政治制度】   単一制度 │ 連邦制度
```

図 4-5　分権メインモデルの相互関係

　立法権の一元化を前提とする単一制度のグループには，単一型と出先型がある．この2つは同じグループであるが，権力の一元化の度合いに違いがある．出先型では，権力は中央政府に一元化しており，地方は国の地方行政区域とされ，中央政府が任命する行政官が統括する．単一型では，地方には住民から選出される議会があり，出先型に比べれば，権力は多元化している．出先型から単一型に向かえば分権化であり，単一型から出先型に向かえば集権化である．出先型を想定することで，単一型でも分権的となるのである．

　図4-5では，立法権の分割を前提とする連邦制度のグループには，連邦型と連合型があるように見えるが，国家の政治制度としては連合型はなく，連邦型のみである．前述したように，連邦と連合は，連邦主義を実践する同じグループであっても，統合の度合いに違いがあり，連合から連邦への移行は，国家主権に抵触する．アメリカとスイスはこれを乗り越えたが，EUはまだこれを越えられない．

　図4-5では，4つの型が並べられ，権力の一元化‐多元化の継続線に沿って位置づけられており，モデル間の相互関係は把握できるが，各モデルの中での違いはわからない．そこでサブモデルを組み込んで示したのが，図4-6である．これは，分権の分析枠組であり，比較分析を行う場合は共通のモノサシ（第5

章参照)となる．例えば，EECからEC，そしてEUとなっていったヨーロッパ共同体の歴史を，連合型におけるサブモデルIV型からI型への移動として説明することができる．EU形成後は，連合型から連邦型への移行が試みられ，部分的に移行を果たしていると見なすことができる．

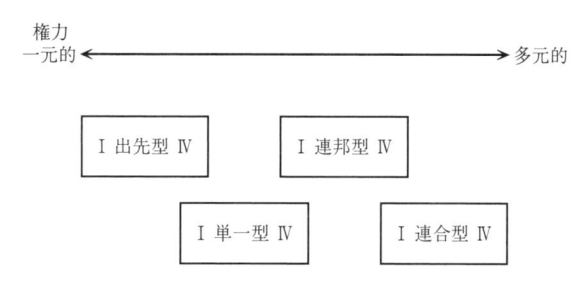

```
          権力
          一元的 ←————————————————→ 多元的

              ┌──────────┐      ┌──────────┐
              │ I 出先型 IV │      │ I 連邦型 IV │
              └──────────┘      └──────────┘
                  ┌──────────┐      ┌──────────┐
                  │ I 単一型 IV │      │ I 連合型 IV │
                  └──────────┘      └──────────┘
```

図 4-6 権力一元化 - 多元化の継続線に位置づけた分権モデル

図 4-6 のような分権モデルを使えば，政治制度も分権の実態も，両者の関係も説明することができる．図 4-5 では，横一列にならんでいた分権モデルが，図 4-6 では，モデル間の重なりをもって示されている．例えば，連邦制をとりながら中央集権的な国は，連邦型分権のなかでのI型となり，単一制国家で分権的な国は，単一型分権のなかでのIV型となる．政治制度にとらわれないで分権の度合いを把握することができる．政治制度を変えることは，社会からの強い要請に応答し，憲法改正あるいは新憲法制定を行うことである．単一制から連邦制へ移行した例としてベルギーがある．オランダ語のフラマン地域，フランス語のワロン地域と，言語・民族の亀裂が領域性をもっているので，それぞれの自治を実現するために，憲法改正に四半世紀を費やし，1994年に連邦憲法を制定した．

ベルギーは社会の強い要請により連邦化したが，国家の政治制度としては単一制度を維持しながら，分権を実現させることはできる．北欧諸国は，単一型分権におけるサブモデルIII型あるいはIV型となっている．単一型IV型は，分権の実態において，連邦型I型よりも分権的と言える．フランスは単一型II型の典型である．中央集権国家と言われるが，国政への地方の参加は制度化されており，国の立法への地方の影響力は強い．

日本では，明治期に導入された地方制度は，出先型であった．近代国家とし

て統一国家化と国民統合が不可欠であり，中央政府が決定した政策を各地で執行する機関として，地方行政単位が創られたのである．戦後知事が公選となり，構造上は出先型から単一型に移行しているが，実態は機関委任事務制度により出先型機能が継続し，単一型としてもサブモデルⅠ型であった．1999年地方分権一括法は，機関委任事務制度を廃止し，知事を，中央省庁の下部機関から解き放った．選挙で選出される首長が国の行政機関のエージェントであるという矛盾が一掃された．「地方六団体」の意見具申権が認められたが，さらに強力な参加の制度化によりⅡ型の要素を強化し，中央政府レベルにおける法令の規律密度を下げ地方レベルにおいて条例や規則で対応できるようにすることによりⅢ型の要素も強化し，Ⅳ型となれば，単一制度における最強の分権が実現する．メインモデル間の移動（単一型から連邦型へ）ではなく，単一型におけるサブモデル間の移動（Ⅰ型からⅣ型へ）である．

第5節　分権と参加──統治権力との「距離」

　政治制度は，国家元首の選出の観点から見れば，君主制と共和制に，立法府と行政府の関係から見れば，議院内閣制，大統領制，参事会制などに，中央と地方の関係においては，単一制と連邦制に分類される．例えば，英国は君主制・議院内閣制・単一制，アメリカは共和制・大統領制・連邦制，フランスは共和制・大統領制・単一制，ドイツは共和制・議院内閣制・連邦制，カナダは君主制・議院内閣制・連邦制である．さまざまな組み合わせが可能となったのは，共和制，大統領制，連邦制を国家の政治制度として設計したアメリカ合衆国の成立に拠るところが大きい．

　政治制度の選択肢の拡大は，統治権力と社会の間のチャネルの増大と並行している．国家元首を血統による相続ではなく，社会の側が選出できるようにした共和制，社会の秩序を維持する拘束力のあるルール（法）の作成者を社会が選ぶ議会選挙，行政権の長を直接選出する大統領制などである．社会の側からの参加が強化されることで，統治権力と社会の間に双方向の関係を確立していった．ここでの統治権力は国家レベルを意味している．単一制と連邦制は，国家レベルにおける政府のあり方ではなく，国家とそれを構成する地域の関係に注

目する．国家レベルと地域レベルの双方に政府の存在を認めることで，人民から見れば距離の異なる統治権力が顕在化する．統治権力と社会の間の双方向性の強化を，社会から見れば遠隔の国家レベルだけでなく，人々に近い地域レベルの統治権力との関係において，いかに実現できるかが焦点となる．

統治機構のあり方や政府機関間の関係，政府間関係などは，統治権力のなかでの問題であるとすれば，統治権力と社会の関係を，統治権力との「距離」という視点から見ることは，統治権力と人々の直接の関係を見ることである．統治権力との「距離」という視点は，参加する側にとって重要なのである．あまりに遠隔であれば，参加する権利はあっても参加しないかもしれない．

しかし何をもって距離が遠い，あるいは近いと言うのであろうか．距離を測る基準として2つあげたい．まず第1は，規模である．国家政府は国全体を領域とし，国民を対象とする．地方政府は，限定された地域を領域とし地域住民を対象とする．領域の規模の大きさはそこに居住する人々の多さである．領域が限定されていることは，人数が少ないことでもあり，1人の相対的比重は高まる．

第2は，参加の有効性である．参加することによる変化や影響がわかるという手応えである．第1の基準は規模という物理的な基準であるが，参加の有効性という基準はやや心理的であり客観的には測りにくいかもしれない．しかし例えば投票率という数値で測ることもできる．争点が曖昧で競争性がなく候補者の選択肢が少なければ，投票に行かないかもしれない．逆に変化が期待できる場合，投票率は上がる．参加は投票という行為に限らない．政策の計画段階において，あるいは執行において，参加の機会は多くなっている．しかし機会が増えるだけでは，参加の有効性が高いとは言い切れない．

参加が有効かどうかは，参加の成果があるかないかで判断ができる．統治権力との「距離」の視座にもどれば，第1の基準である規模から見れば，国家政府は「遠隔な権力」であり，地方自治体は人々に「近い」政府である．しかし第2の基準である参加の有効性から見れば，地方自治体に決定権がなければ，人々の創意工夫が参加を通して活かされることはない．遠隔な権力である中央政府が事細かに決めて，地方自治体はそれを忠実に執行するエージェントであるなら，人々の参加の余地はない．人々は単に公共サービスの受け手である．

参加が有効であれば，社会的貢献への意識が高い人々は，単なる受け手にとどまらず，公共サービスの担い手として，現場が必要とする公共サービスの内容や提供の方法を反映する活動を展開しようとする．このような参加が有効であるためには，公共サービスの供給責任者でもある自治体が，現場に対して応答できるように判断権や決定権をもつ必要がある．自治体が，その地域の統治権力をもつことで，規模と参加の双方の課題を克服し，人々と統治権力の「距離」の近さが実現するのである．自治体は，領域と住民をもっている．国家の三要素が，領土，国民，主権であるように，自治体も領域に暮らす住民のために，地域限定的ではあるが統治権力をもつことができれば，その「距離」の近さから，質の高い公共空間が誕生するかもしれない．

第5章

比較政治学の方法論(1)――比較とは何か

> **Keyword**
> 認識の科学,なぜを説明する,共通のモノサシ,部分と全体,羅針盤,法則性,分類と分析,土壌・文脈,演繹と帰納,バランス感覚

第1節 「なぜ」の重要性

(1) 問題の3つのたて方

問題のたて方とその回答には,次の3つの組み合わせがある.第1は,「何」(what)を問うもので,答えとして「～は…である」と叙述する.事実を調べたり,情報を集める作業である.第2は,「なぜ」(why)を問うもので,答えとしては「…だから～である」と説明する.自分が疑問に思ったことに対して,独りよがりに終わらずに,より客観的に説明しようとする努力が必要となる.「何」の場合の答えは,誰が書いても正答は同じになるが,「なぜ」の場合の答えは人によって異なることもある.「調べる」と「考える」の違いである.第3は,「どうすれば」(how to)をたずねるもので,「～にはこのようにすればいい」という処方が回答となる.

①what→記述,②why→説明,③how to→処方,という3つのうち,どれが正しいということではない.なぜならそれぞれの目的に応じて求められるものが違うからである.重要なことは,問題のたて方にはこの3つがあり,何を求められているかで使い分け,使いこなすことである.

例えば,報告書や調査では①が求められる.「調べる」という作業である.

マニュアルや指南書には，③が求められる．どうすればいいのかを手っ取り早く知りたい現代人には，いわゆるハウツーものとして大流行である．研究や論文に不可欠なのは，②である．受験教育では，①と③が偏重されている．とにかく覚える（①）．できる問題から回答する（③）．時間がかかりそうな問題は敬遠し，確実に点数のとれる問題に集中し，効率よく回答する受験技術は，考える力を育てない．理解力や読解力が低下している事実は，その結果かもしれない．

①what，②why，③how to のうち，コンピューターと人間の違いは，②にある．②は，「考える」「思考する」「判断する」ことであるからである．コンピューター技術が進展しても，人間の脳にはおよばないのは，自ら疑問をもち思考し判断することができないからである．②は，人間が人間であることの証左である．にもかかわらず，②が軽視される傾向があまりにも強いのではないだろうか．

情報化が進んで，手軽に情報が得られるようになり，①は容易になっているように見える．以前は「調べる」という作業は，「足で仕事する」（現場，図書館，公文書館などに赴いたり，関係者に会って話を聞く）であった．最近はインターネットの発達により，パソコンの前に座っているだけで世界中の情報にアクセスができるようになった．しかしこの便利さは両刃の剣でもある．インターネットで取れる情報は，情報を出したい側の情報であり，鵜呑みにはできない．情報の入手可能性 availability は格段に高まったが，情報の信頼性 reliability が同様に高まったわけではないのである．調査能力として，IT リテラシーが必要になったが，これは技術的側面での情報入手力を高めても，現場的感覚的な直感をみがくことにはならない．むしろ逆に近いかもしれない．

溢れる情報のなかから，何が信頼にたるものかを識別する眼がなければ，情報に溺れるだけである．あちこちのウェブサイトから情報を集めそれを切り張りして調べた気になる．検索エンジンやネットサーフィンで，ひととおりの情報は容易に集まることも，便利ではある．しかしその作業のなかで，情報を集めることと何かを調べることが混同されてしまう危険にも注意が必要である．膨大な情報を得て満足してしまうか，あるいは膨大な情報に埋もれて使いこなせないままでいる．情報量や情報獲得技術に長けていても，それが何のために

必要なのか，なぜ必要なのか，ということを「考える」あるいは「判断する」ことをしなければ，社会にとってきわめて害となることもある．

もちろん②の「なぜ」を突き詰めるには，思考や判断の材料としての知識や情報は不可欠である．①の作業なくして②は成り立たない．また考え抜いた末に，「こうすることがよい」「こうすべきだ」という意見が生じてくるのは自然である．軽いハウツーものではなく，熟考の末の提案あるいは問題解決案である．考えることなしに，情報収集に明け暮れ，その一部を短絡的に実践する危険が増大しているのが現実であるとすれば，「考える」ことの重要性，それも，広い視野において「考える」，深い文脈のなかで「考える」，そしてそれを説明するあるいは伝えることの重要性は，再認識されるべきであろう．

(2) 政治と「なぜ」

政治の重要な使命は決断である．決断し，その責任をとること，それが政治の使命である．だからこそ，議論や説明が不可欠なのである．多くの利害が錯綜するなかで調整点を見いだすには議論が必要である．しかし議論を尽くしてもすべての人が賛成するとは限らない．なぜそうなのかを反対の人に説明する．賛成に転じなくとも，仕方なくであっても，納得してもらうためには説明は不可欠である．

政治にとってもっとも重要な仕事は，「なぜを説明する」ことである．政治は人々の生活に関わる社会のルールを，統治権力として拘束力のあるルール（法令）の形で定めることができる．であるからこそ，ルールを決める立法府に自分たちの代表を送り，統治権力との間に双方向性を確立することが民主主義の基本であり，また政権がどのように国家を運営しようとしているかについて説明することが求められるのである．権力者が一方的に社会を支配する権威主義体制においては，統治について説明することはない．

政治と政策の役割分担を考えてみると，政治は理念やビジョンを明確に設定し，どのような国のあり方，どのような統治が人々を幸せにするか，なぜそうなのかを議論し説明する役割を負っている．それを実現する手段が政策であり，これをつくるのが官僚制の役割である．前述の①と③が官僚制の得意分野である．②の役割を果たすのは政治の責任である．政治は国民に対して「なぜを説

明する」ことに怠惰であってはならないのである．

　しかし実際の政治は，それを果たしているであろうか．とりわけ日本の政治には，「なぜを説明する」ことが軽視されているように思われる．国民が「なぜ」と疑問をもっても，政治がそれを「説明」しなければならない状況に追い込まないのか，政治が「説明」を避けているのか，いずれにしても「なぜを説明する」ことが日本の政治においては重要な使命とはなっていないようである．日本とは対照的に例えばカナダでは，愚直とさえ思われるほど国民への説明を繰り返し行っている．異文化が共存する多民族国家であるがゆえに，言葉で説明することなしには合意形成が困難であるとの認識もあるが，議会 parliament の語源が「話す parler」にあるように，政治は議論や説明の手間をいとわない．日本では「以心伝心」や「阿吽の呼吸」が重視されるが，これは，内輪の論理を助長するだけでなく，外に向かって説明することを軽視することにもなる．とりわけ政治が国民に説明することを回避し，内輪の論理に埋没してしまうのは，国民への背信である．

　なぜその政策が必要なのか，という積極的な「なぜ」や，なぜ選挙もなく首相が交代するのか，なぜ国民が関心をもつ問題を先送りにするのか，なぜ社会の病理のような現象に対して立ち向かわないのか，といった否定形での「なぜ」など，政治をとりまく多くの「なぜ」がある一方で，それに対して，国民に答えを示そうとする努力も説明能力も欠けているのではないだろうか．「なぜ」という問いと，それに対する説明が欠如しているのは，政治が本来の政治の役割を果たさず，権力の取り合いの場になってしまっているからであろう．政治が「なぜを説明する」ことで，国民の政治への不信感を軽減することができるかもしれない．

第 2 節　社会科学と比較の方法

(1) 偏見と客観性

　比較の意味を理解し，方法として使いこなす訓練がされていない場合，比較は，独断と偏見を強化する武器となる．すでに自分が言いたいことが決まっていて，それを補強するために，例えば，アメリカでは，ドイツでは，と他国の

事例を引いてくる．だいたいの場合，都合のいいところだけを引用し，「アメリカではこうだから」「日本もこうすべきだ」とする．処方(③)にハクをつけるために，外国の事例を持ち出す．言いたいことを強く出すために比較を装うのである．最初に結論ありき，であり，このような場合は往々にして，①の作業も軽視され，②は欠落している．初めからバイアスがかかっているので，誠実な fact-finding ではなく，情報は恣意的に集められ選択される．比較にとってもっとも重要な「謎」の設定もなければ，分析も説明もされない．アリバイだけの比較である．受け手の側も，比較の意味がわかっていなければ，そういうものなのか，と納得する．他国の事例というのは，分析の材料なのではなく，目くらましとなっているのである．比較は，両刃の剣であり，使いこなす訓練が必要である．

(2) 科学化の可能性を拓く比較

社会科学のなかでも，政治学は統治権力をめぐる諸問題を扱うためか，権力闘争の側面が強調されたり，評論や批判に終始したり，宗教やイデオロギー，統治のための価値体系などから説明が回避されたりする傾向が強く，社会科学のなかでも科学化が遅れていた分野である．

社会科学は現実の人間社会を対象としており，人為的に実験状況をつくりだすことはできない．繰り返し実験が行える自然科学とは根本的に異なっている．科学とは，ある現象に対し，一定の法則を見つけだすことであるとすれば，実験や観察が不可欠である．実験ができない社会科学において，実験に代わり科学化の手助けをするのが，比較の方法である．実験それ自体に代わるのが事例であり，それは歴史か他国に求めることになる．しかしそれを単に集め都合のいいところを切り取るのであれば，科学化とは逆行する．比較の方法を取り入れることで，その事例がきわめて特殊なものなのか，あるいは一般性があるのか，さらには普遍的な要素をもっているのかがわかってくるようになり，政治学の科学化が可能となる．

政治にかかわる現象や事項の説明を，複数の事例を用いながら行うのであるとすれば，重要なのは異なる複数の事例を読みとる「共通のモノサシ」である．事例ごとに尺度を変えるのであれば，科学化にはならない．また感覚で判断し

ながら相対的相違を示すのは出発点からして主観である．例えば，今日は寒い，昨日は暖かかった，北海道ではもっと寒いだろう，などの感覚ではなく，温度計が必要なのである．温度計があれば，感覚的な寒さや暑さではなく，温度（数値）として表されることで客観化できる．複数の事例に同じように用いる「共通のモノサシ」とは，この温度計のようなものである．

　比較は，事例と事例の類似点と相違点を明らかにしていく作業である．複数の事例の比較を通して，それらの類似点と相違点を明らかにするには，何をもとに比較するか，という「比較の基準」がなくてはならない．共通のモノサシとはこの比較の基準のことである．したがって，比較の基準がない比較は，自分の主張を都合よく支持する身勝手な比較になりやすい．比較は，使い方によっては，科学化とは逆行する主観化を強化する道具にもなることに注意しなければならない．

(3)　認識の科学

　人間社会を対象とする社会科学には，絶対値はない．それぞれの社会にはその社会ならではのルールがあったり，宗教や文化が価値観や生活様式に影響する．ある社会では当然であることが，別の社会では非礼であったりする．常識とは，共通の感覚（コモンセンス）であり，文化社会が異なれば，共通の感覚も違ってくる．カルチャーショックは，異なる文化社会の現実に衝撃を受けることである．しかしそこに暮らしていくうちにショックが軽減され，対応も可能になっていくのは，その社会での共通の感覚がわかってくるからである．

　このような人間社会での現象をあつかう社会科学は，「認識」の学問と言える．どのように問題をとらえるか，どのように考えるかが重要となる．自然科学でも，どのように問題をとらえ，どのように考えるかは重要であるが，社会科学との本質的違いは，自然科学は人の認識に左右されないところにある．国籍や文化を超えて競争が行われるのは，ある現象の解明は，誰が試みても同じであることが基本だからである．だからこそ，最初にそれを解明することが重要となる．すでにあるが未知のものの原理を見いだしたり，新たなものを生み出したり，「存在」がベースとなっている．大胆に言えば，自然科学と社会科学の相違は，存在論と認識論の相違に近い．

認識論の世界では，認識しなければ存在しないも同然である．また同じ現象もそれをどう認識するかで異なった意味をもつ．その認識は，生まれ育った環境やその社会の価値観に影響を受ける．であるからこそ，自分の認識が正しいと主張したり，自分の認識で他を評価したり，個々の認識のぶつかり合いで収拾がつかなくなったりすることが起こりやすい．きわめて近いものは見えない．無知であったり，思い込んでいたりすると，本質は見えない．一定の距離をおけば，それとそれがおかれている状態が見えてくる．客観的にもなれる．認識の科学化に比較が果たす役割は大きい．

第3節　比較の3つの考え方

比較にはどのような意味があり，どのような可能性を秘めているのであろうか．

比較はあくまでも方法であり，目的ではない．これを取り違えると，それぞれの事例の記述に終始する（①の域から出ない），あるいは言いたいことを強く出すために比較を装う（主観的で根拠の薄い③）ことになる．比較の意味は，何かを明らかにする，何かを説明すること（②）にあり，「謎とき」の手法である．比較という手法を使うことで，幅広い視野，多くの事例，さまざま考え方，それをつなぐ論理が不可欠となり，より本質的な結果が得られるのである．比較に本質に迫ることができる可能性があるのは，手法として単に比べるだけでなく，次のような考え方があるからである．

(1) 法則性の発見

まず第1は法則性の発見である．前述したように，社会科学は実験ができない．しかし人間社会の営みには何らかの法則があるかもしれない．実験に代わり，海外の事例，過去の事例など古今東西の事例を材料とし，仮説（「謎」）を検証するために比較する．この作業をとおして，何らかの法則を見つけようと試みるのである．普遍性を追求するには，実験の回数が多い方が信頼性が高まるように，事例の数が多い方がいいが，ただ単に数が多ければいいわけではない．事例の妥当性も重要である．厳密な実験を行うには，さまざまな条件をクリア

した材料が必要となる．しかし厳密な要件を満たしている事例は，それほど多くはない．事例の数を重視すれば，勢いその質は粗くなり事例としての妥当性のレベルは下がる．事例数を増やすことで科学性を上げようとする試みが，粗い事例が多くなることで逆に精密性が下がるという負の相関にあることに留意が必要である．これを回避するには，概念の明確化が不可欠である．何となく関係していそうなものまで取り扱っていては収拾がつかなくなる．何を扱うかを明確にするのである．何を説明するかという仮説の構築も必要である．実験に代わる事例の選定と，1つ1つの事例について行う仮説検証と，この検証結果の比較分析，このような作業をとおして，法則性の発見や確認がされるのである．

(2) 部分と全体

比較の第2の考え方は，相対化である．たった1つの事例がすべてであるかのように思い込むことを回避する．事例を絶対視せず，より大きな文脈のなかに位置づけ，それがすべてであるとの錯覚をしないようにする．事例を全体の中の部分とすることで相対化するのである．この比較の考え方は，厳密な比較の手法（共通のモノサシや比較の基準の設定など）をとることを必ずしも要請しない．科学性を重視する比較では，事例の重さは皆同じであり，仮説検証のための実験材料である．この場合，立証しようとしているのは，一定の法則であり，個々に固有の詳細な状況は，最終的には捨象される．これに対し，相対化を重視する比較は，あくまでも1つの事例にこだわり，その土着性を捨象しない．しかしそれを絶対視もしない．それがすべてであるような他との接点すら求めない視野狭窄に陥らない．一定の文脈においたり他の事例を沿わせてみたりすることで相対化するのである．大きな地図のなかに位置づけるという作業であり，部分と全体が把握されていることが重要である．

法則性の発見をめざす比較が社会科学の学術論文において求められる比較であるとすれば，相対化を求める比較は，学術分野にとどまらず，ものの見方や考え方としての重要性は高い．自己完結や視野狭窄に陥らず，広い視野をもつことは，異なる世界があることを知ることである．考えもしなかった可能性があることに気がついたり，異質なものとの接触が共存と寛容の理想と現実をつ

きつけたりする．航海には，海図と羅針盤が必要なように，相対化の比較を迷子で終わらせないためには，広い視野がもてるだけの知識とそこに対象を位置づける能力が要求される．

(3) アプローチの比較

比較の第3の考え方は，学際的総合性である．1つの事象をさまざまな角度から光をあて，多角的に浮き彫りにするのである．それぞれの視座が，例えば，政治学，経済学，法学，社会学，心理学などの「学」であり，その「学」の視点から対象を見る．見られている対象は1つであるから，見る角度が複数あることで立体的な姿となる．アプローチの比較である．

1つのテーマに，さまざまな専門家が関わって研究するのは，共同研究としてよく使われる手法である．しかし複数の専門家がいても，それぞれが自分の専門のなかで叙述するだけに終わってしまえば，立体像は浮かび上がらない．光のあて方は複数でも，どこに光をあてるかに共通認識がなければ，それぞれがばらばらのままである．共同研究を支える基調と目的が共有されていなければ，寄せ集めに終わってしまうのである．

また従来は1つの「学」であったのが，最近は専門化にともない細分化されている．専門性と細分化をトレードオフとして甘受するのではなく，必要に応じてこれらを包括し，従来の「学」以上の成果を出せるのも，学際的比較の強みである．知のサンテーズ（総括）を可能にする．

(4) 比較の考え方の汎用性

このように，比較の考え方としては，法則の発見を重視し普遍性に近づこうとするもの，部分と全体の関係を重視し自己完結に陥らず幅広い視野に位置づけようとするもの，専門性と総合性を重視し，複数のアプローチをとることでものごとの一面だけでなく多面的に立体的に把握しようとするものがあるのである．

第1の考え方と，第2，第3の考え方は，相互補完的でもある．なぜなら，科学化は法則の発見を重視するが，法則を見つけようとするあまり領域が細分化される傾向があり，全体像がつかみにくくなる．これに対し，部分と全体の

関係を把握することや，共通目的のために複数のアプローチを使うことは，より包括的な文脈を重視するからである．比較の考え方は，バランス感覚を磨くことに多大な貢献をする．

このような比較の考え方は，学術的な領域だけでなく，現実の人間社会においても適用が可能である．例えば，第2の考え方の相対性は，もっと外に目を向けることや違う世界があることを気づかせてくれる．個人が社会のなかで生きることを実感としてとらえることができれば，新たな可能性も拓ける．個人が閉鎖的空間に引きこもるのでなく，また世間をあてもなく漂流するのでもなく，社会のなかに自分を位置づけることができれば，共感や信頼に支えられた公共空間が形成されていくかもしれない．

第3の考え方の専門の総括化は，例えば病気をみるが患者をみないと言われるような医療に要請されるものである．専門分化した医学と患者にとっての医療の接点は，専門のなかでの自己完結ではなく，専門にベースを置きながらも，人間の尊厳に敬意を払いつつ患者を回復させるという共通目的に向かい，それぞれの専門を収斂させる共同作業にある．

長年にわたってその弊害を批判されている中央省庁の縦割り行政も，比較の第2および第3の考え方にたてば，なぜそれを克服しなければならないかが明確になる．第2の考え方にたてば，省益（あるいは局益）はすべてではなく，国益の一部にすぎないこと，国益を包括的全体としてそのなかで各省がどのような位置にあるかを認識できるのである．また国際社会というより広い視野から，日本の国益を考えることも不可欠となっている．国家官僚に求められているのは，省益ではなく国家を考えることであり，中央政府は，縦割り割拠のなかでの競争にエネルギーを消耗するのでなく，国家政府としての役割の重要さを再認識するためにも，全体と部分，あるいは相対化や体系化の考え方が求められている．

比較の第3の考え方にたてば，中央省庁の縦割り行政は，公共サービスの提供において供給側（各省）の論理を優越させ，経済社会状況の変化による需要の変化やサービスの受け手の側の視点を反映していないことがわかる．例えば，幼保一元化が実現しないことである．幼稚園は文部科学省，保育園は厚生労働省と，所管官庁が異なり，それぞれがそれぞれのロジックで運営の規制をする．

保育園は家庭の事情で保育に欠ける子供を対象，幼稚園は就学前教育とされている．根拠法令も補助制度も別立てで，まったく異なるサービスだとされる．しかし少子化が進むなかで，また雇用形態やライフスタイルの多様化が進むなかで，需要に大きな変化が起こっている．子供を対象にした公共サービスとして一本化し，かつ利用しやすいサービスとすることで，少子化のスピードを減速できるかもしれない．しかし実際は，社会の現実やニーズに柔軟に効率よく対応するのではなく，既存や既得のものを存続させながらそれを害さない程度の新しいものを入れるにとどまっている．

「人」へのまなざしが必要とされるところには，相対化や総合化といった比較の考え方がとりわけ重要なのである．

第4節　比較の種類

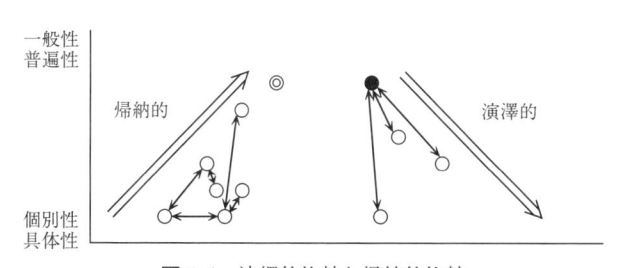

(1) 演繹的比較と帰納的比較

まず比較の考え方に近い比較の種類として，演繹的比較と帰納的比較をあげておきたい．図5-1は，縦軸に抽象度をとり，演繹的比較と帰納的比較を示したものである．演繹的比較とは，まず前提として抽象のレベルの高い位置に原点あるいは基準となるもの（図では●で示されている）があり，そこからの距離をそれぞれの対象について測り，それを比較するのである．対象と対象の比較は，直接ではなく基準をとおして間接的に行われる．

帰納的比較は，個別具体の複数の対象を概観しながら，いわば「相場感」をつかもうとするものである．対象と対象を直接照らし合わせながら，共通点，類似点，相違点などを探していく作業を繰り返し，個別具体から一般性へと抽

図5-1　演繹的比較と帰納的比較

象のレベルを上げていく．その過程で相対的共通点（図では◎で示されている）が推定できるようになる．

　この2つの比較について，アンチ・ダンピング関税を例に説明してみよう．自由貿易は，自由競争に基づく公正な貿易とされるが，各国の通商法規定を超えた普遍的公正は未だ成立していない．共通原則がないので，演繹的比較はできないのである．輸入国は，自らが考える「公正さ」を基準に，不公正な貿易慣行を判断する．不公正な競争に制裁を与えるのは，自由貿易体制の維持のためとされるが，実際には自国産業保護のために輸入制限を正当化することも多い．相手国との関係や他国への影響などが勘案される帰納的比較である．

　関税法に基づく輸入制限的措置には，セーフガード，アンチ・ダンピング関税，相殺関税などがある．これらの措置を発動するのは政府であるが，アンチ・ダンピング関税は，民間事業者の提訴により手続きが開始される．提訴の内容は，輸入品の不当廉売は自分たちの事業に損害を与えているというものである．政府の調査は，①ダンピング（不当廉売）の事実を調べる価格調査，②それが国内の類似品生産者に損害を与えているか（あるいは与える脅威があるか）を調べる損害調査の2点について行われる．例えば，アメリカでは，①については商務省，②については国際貿易委員会，カナダでは，①については歳入省，②については国際貿易審判所とそれぞれ担当機関が異なっている．アンチ・ダンピング関税は，①の価格調査においてダンピングが判明し，それが②の損害の原因になっていると判断された場合に課される．①と②は因果関係におかれており，①の価格調査が基本となる．

　海外A社の産品の価格が，国内B社の産品の価格より安いゆえに，損害を受けたとB社が提訴したとしよう．調査はA社産品の価格が「不当に」安いかどうかが出発点となる．演繹的比較と帰納的比較が価格調査の手法において観察できる．まず帰納的比較は，市場価格を判断の基準とする場合にとられる手法である．市場調査をしながらA社，B社に限らず他社の類似産品の実際の販売価格を調べ，いわゆる市場価格を割り出すのである．現実からのアプローチである．これに対し，演繹的比較は，構成価額 constructed value を判断の基準とする場合にとられる手法である．価格を決める構成要素を調べ，それぞれについて数値を入れ計算される机上の価格である．どちらの手法がとられる

かで,「不当」の判断や「不当」の幅(ダンピングマージン)が影響を受ける.結果だけでなく,このような比較の手法に留意すれば,どのように計算されたかまで分析することができる.

(2) 計量的比較と定性的比較

データの種類に注目すると,計量的比較と定性的比較に分けることができる.前者は,数値化されたデータを用いるので,ある意味でわかりやすく,一見科学的でもある.しかしどのように数値化されたかが明示されていなければ,数字は一人歩きするだけに危険な思いこみとなる.例えば,失業率として示される数値の取り方は,国により違っている.しかし失業率として数値が示されれば,暗黙のうちに自分の知っている算出方法で出された数値と思い込む.政府統計には,国によっては,統計手法が確立していなかったり,政府の恣意性が反映され信頼のおけないものもある.時系列に計量的比較をする場合も,時期時期により,数値の取り方や統計手法が異なっていないかへの留意が必要である.

データが数値化されていれば,比較の基準としての共通のモノサシも数値化されるので,相違性や類似性も数値として表され明快である.しかしその数値の違いにどのような意味があるのかについて丁寧な説明が不可欠である.ある時期の数値を比較の基準に設定し,別の時期の数値はその何倍であるとか,何%であると示される.注意が必要なのは,基準とする時期が適切であるかどうかである.例えばバブル経済と言われた時期の土地価格を基準とすれば,バブル崩壊後の価格は低い.これは下落と表現され,上がるのが成長の証拠で下がるのは失速との文脈にあれば,暗さと閉塞感をもたらす.バブル経済期を基準とするか,それ以前を基準とするかで,比較後の数値は大きく異なる.予測を行う場合も同様であり,何を基準として予測するかで,結果は異なる.比較の結果の数字は一人歩きすることを留意し,何を「基準」とするかだけでなく,なぜそれが「基準」となるのかについて,十分な説明が不可欠である.定性的側面を伴わざるを得ないのである.

政治学のなかでもっとも計量分析が進んでいるのは選挙に関する分野である.投票率や得票数など,数値ではっきりと出るからである.しかし例えば投票率

が高い，低い，変化した，と言っても，何を基準にそう言うのか，なぜそれを基準とするのかについて説明がなければ，何を明らかにしようとしているのかは伝わってこない．計量分析は，数値をあつかうことから客観的で科学的に見えるが，数値の背景にまで踏み込まなければ，計量的比較はたんなる数字いじりに終わってしまう．

(3) 通時的比較と共時的比較

時間軸に注目すると，通時的比較 diachronic comparison と共時的比較 synchronic comparison がある．通時的比較とは，時系列をベースとし，対象とする国は同じであるが，時系列のなかで異なる時期を事例とする比較である．例えば，日本の室町幕府と江戸幕府を比較する，アメリカの独立戦争と南北戦争を比較する，フランスの第3共和制と第5共和制を比較する，というような比較は，通時的比較のカテゴリーである．

共時的比較では，時間軸はほぼ同じであるが，対象とする国が異なる．時系列ではなく，切り取られた時期あるいは同時代性に着目する．カナダ自治領発足(1867年)，明治維新(1868年)，ドイツ帝国成立(1871年)，イタリア国家統一(1861年)を比較する，フランス5月革命(1968年)と日本の学生運動(1960年代)を比較する，といった比較は，共時的比較となる．

どのような比較をするにしても，重要なのは，何を明らかにしようとしているのか，という問題設定である．それが明確であれば，なぜそうなのか，という「謎」も明確になる．例えば，室町幕府と江戸幕府を比較する場合，それぞれの幕府について調べたことを延々と書き連ねただけでは意味がない．幕府の成立に焦点をあてて，なぜ足利あるいは徳川が他の武士勢力より抜きん出たか，なぜ既存の政治勢力は彼らの台頭を容認したのか，といった問い(明らかにしたいこと)を設定する．あるいは朝廷と幕府の関係に焦点をあてて，なぜ統治権が権威と権力に分化したのか，権力を切り取られた側と切り取った側の間の力関係はどのようなものであったのか，なぜ武士政権の王朝化が容認されたのか，といった問いを設定する．第2章で述べたように，統治権力の担い手として，国家の長 head of state と政府の長 head of government を分析の枠組とするならば，比較の対象は，その分化を実現させ立憲君主制を成立させたイギリス名誉

革命および，日本ではこれよりもはるか以前に，統治の分業が行われていたことが明らかになる．このような例が示唆するのは，何を明らかにするのかという目的が明確であれば，比較はそれを説明する有効な手段であることである．それぞれの特徴を記述し，それらを列挙するだけに終わってはならない．比較は分析的比較でなければならないのである．

(4) 通時的比較と国際比較の例 ── 分権の比較

ここで，1つの国を時間軸で追う通時的比較分析と，複数の国を比較する国際比較分析が同時に行えるかを試みてみよう．結論から言えば，比較の基準として共通のモノサシがあれば，通時的比較も国際比較も可能である．図5-2は，第4章で呈示した分権モデルを共通のモノサシとし，アメリカ，カナダ，スイス，日本，フランス，英国について，それぞれの分権の変遷（通時的比較）とともに，地方分権の国際比較を示している．地方レベルには，ローカルレベルとリージョナルレベルがあるが，リージョナルレベルに焦点をあてた分権である．

まず国際比較をしてみたい．分権のメインモデル（連合型，連邦型，単一型，出先型）に，分権のサブモデル（I型，II型，III型，IV型）のうちI型とIV型を入れることで，メインモデル間の重なりを表示し，またそれらを権力の一元化と多元化の継続線上に位置づけ，共通のモノサシとした．出先型I型など，左に行けばいくほど権力の一元性，つまり中央集権度の強さを表している．地方行政単位は自治体ではなく国の行政区域であり，分権の形態は官治分権である．逆に連合型IV型など右の方は権力の多元性，すなわち主権を有する地域政体とそれらの集合体という二層構造を表している．

この継続線の右の方から左の方向に移っているのがアメリカとスイスである．アメリカはステイト state，スイスはカントン canton と，最初に自律した地域単位があり，①で示したように，これらが緩やかに連合していたのが，国家の出発点になっている．その後共通機構の強化，つまり国家政府を創設することで，統合の度合いを強め，連合から連邦に移行する．移行の過程は段階的であり，既存の地域単位（州政府）と新しく創る国家政府（連邦政府）の間の権限関係が調整されていった．

アメリカもスイスも連邦国家であるが，その出発点は連合であったことから，

第5章 比較政治学の方法論(1)

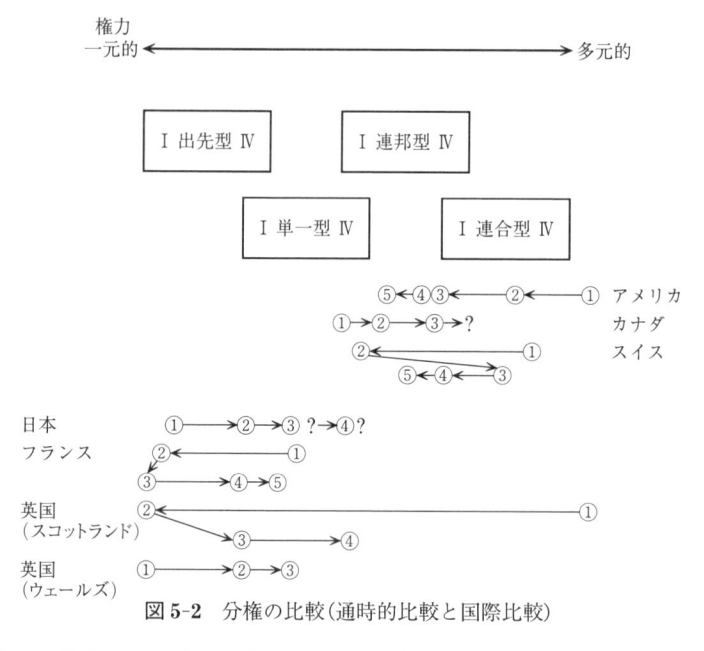

```
権力
一元的 ←――――――――――――――――→ 多元的

        Ⅰ 出先型 Ⅳ     Ⅰ 連邦型 Ⅳ

             Ⅰ 単一型 Ⅳ     Ⅰ 連合型 Ⅳ

                    ⑤←④③ ← ② ← ①    アメリカ
                    ①→②→③→?          カナダ
                    ②―――――――→①       スイス
                    ⑤←④―③

日本            ①→②→③?→④?
フランス        ②←――――①
                ③―→④→⑤
英国         ②←―――――――――――――――①
(スコットランド)    ③―――→④
英国         ①→②→③
(ウェールズ)
```

図 5-2 分権の比較(通時的比較と国際比較)

連邦化は，権力の一元化の方向(図の右から左へ)すなわち中央集権化を意味している．同じく連邦国家であっても，カナダは，単一型に近いところから出発し，連合型へ向かっている．

連合を出発点とすれば，連邦化は左方向に向かうので集権化であるが，これとは逆に図の左側を出発点にすれば，連邦化は右方向へ向かうので，分権化である．どこを出発点とするかで分権化となったり集権化となったりする．このような相対的把握が，図 5-2 に示したように，比較を行うことで可能となるのである．

日本は，①，②，③と左から右へ向かっている．④として示したのは分権改革の仕上げとしての道州制である．しかし道州制の内容は不明であるので？をつけている．官治の要素が強く入れば，左方向に(中央集権へ)逆戻りする．フランスも英国も①を除けば，左から右へ向かっている．

単一制度をとる国家において，リージョナルレベルの地域単位は，国家行政の地域単位としての役割が大きい．ローカルレベルに自治体をおいても，リージョナルレベルには自治体をおかないのは，不思議なことではなかった．一定

の領域に区切り地域単位として顕在化させても，それは官治の単位であり，そこに分権をしても官治分権つまり出先型分権にすぎない．連邦制度が，リージョナルレベルの政府に憲法により保障された立法権(自治権)を付与しているのと対照的である．リージョナルレベルの地域単位への分権のあり方は，国家の統治制度と密接に関係しているのである．

　ではそれぞれの国について通時的比較分析をしてみよう．比較の対象と基準は，リージョナルレベルの地域単位の権限である．

　まずアメリカは，連合型から連邦型へと，権力の一元化・多元化の継続線上を，右から左の方向に向かっている．出発点としたのは，①独立宣言(1776年)である．独立を宣言したのは各植民地であり，colonyがstateになるために，独立戦争を戦った．②は連合規約(1777年)The Articles of Confederationである．独立という共通の目的をもつ13植民地の連合体である大陸会議の規約である．独立は，1783年に英国との講和により達成されたが，独立国家として，13邦はより強く結合する必要があるとの認識が強まった．フィラデルフィアにおいて国家政府の創設と統治機構の設計を議論する憲法制定会議が開催され，1787年憲法が採択された(③)．この憲法がアメリカ合衆国建国の文書である．憲法が承認されるには，3分の2の邦，つまり9邦の批准が必要であり，強い国家政府(憲法案)に賛成するフェデラリストと，邦の強い権限に固執するアンチ・フェデラリストの間で議論・調整が行われた．最終的には13邦すべてが承認したのであるが，その過程において憲法案には個人の権利の保障についての規定が欠けており，これを付加すべきとの認識が共有され，1791年，修正第1～10条として憲法に追加された(④)．これらの修正条項は憲法を補完しているので，図では③と④は並べて示した．

　南北戦争(1861-65年)における北軍勝利の結果，奴隷制の廃止(修正第13条，1865年)，市民権(修正第14条，1868年)，公民権(修正第15条，1870年)など人種や皮膚の色による差別の撤廃が憲法条項として規定された．これらは州に対して連邦議会の権限を明記しており，連邦権限の拡大である(⑤)．実際に人種差別撤廃に向けて動き出すのは第2次世界大戦後であるが，修正条項は最高裁判所が州に対して違憲立法審査権を行使する際の規準として機能した．このようにアメリカは，邦の連合から連邦国家へ，そして連邦政府の権限拡大と，独立

建国以降，国家政府の権限が漸進的に強くなっており，図 5-2 で示したように右から左方向への移動となっている．

アメリカの南北戦争を目の当たりにみたカナダは，西部開拓の必要もあり，強い中央政府を指向した．ケベックの存在が単一制度を選択させなかったが，カナダ連邦を発足させた英領北アメリカ法(憲法に相当)は，準連邦的 quasi-federal でしかなく，①の位置は，単一型 IV 型と連邦型 I 型の重なったところである．そこを出発点とし，以降の動きは右方向であり，司法解釈による州政府の権限の強化(②)や，フランス系ケベックのナショナリズム(③)などがそれを推進した．アメリカやスイスとは出発点の位置が異なり，動きの方向も逆である．カナダは，連邦型分権の I 型から IV 型まで経験しており，ケベックの趨勢によっては連合型に向かうかもしれない．

スイスは，アメリカと同様，図では右側の連合型を出発点とし，左方向へ動いている．しかしスイスの歴史はアメリカよりはるかに古い．スイスの起源は，3 邦による永久同盟(1291 年)にさかのぼる(①)．ハプスブルク家の支配から逃れ，神聖ローマ帝国から自由特許状の獲得をめざすという共通目的のもとでの同盟である．その後帝国からの解放が目的となり，また同盟を構成する邦が増えていった．永久同盟から出発した誓約同盟は，1798 年のフランス軍侵攻により解体し，ヘルベティア共和国となった(②)．1795 年フランス憲法をモデルとしたヘルベティア憲法は，スイスに単一制度を導入し，邦の自治権を否定した．誓約同盟のもとでは国家に相当した邦が，ヘルベティア共和国では単なる地方行政区域となった．共和国支持派と同盟体制復帰派の間の対立は，1800 年には激化，1802 年にフランス軍が撤退すると対立は暴動の形をとり無政府状態となった．スイスの政治制度をフランス型中央集権単一制国家とすることを断念したナポレオンは，諸邦の代表をパリに集め，調停法が成立(1803 年)，これにより，スイスは単一国家から邦の連合に戻った(③)．スイスが単一制度を経験したのは，5 年間だけである．

調停法により自治権を回復した邦は，同盟協約(1815 年)を締結し，誓約同盟時代と同じ体制(弱い共通機構，強い邦)に戻った．しかし各邦が賦課する関税や通行税，度量衡の不統一，共通通貨の欠如などが経済発展の阻害要因と認識されはじめた．また押さえ込まれていた自由主義が 1830 年フランス 7 月革命

の影響を受け再燃し，多くの邦で自由主義的民主主義改革が実現した．これらの改革を遂げた諸邦と保守派の諸邦の間で，同盟協約の改正をめぐって対立が深まり，1845年にカトリック保守派の7邦が「分離同盟」を結成，内戦勃発の契機となった．内戦に勝利した自由主義諸邦は，スイス全体のルールを，同盟協約から連邦憲法とすることで，スイスを小国家連合から連邦国家へ移行させた(④)(1848年憲法)．この憲法は，連合維持派と統一国家派(連邦派)の妥協の所産であり，連邦政府という国家政府は誕生したが，その権限はきわめて限られていた．より強い国家政府の創出を目的として，1874年に憲法改正が行われた(⑤)．

このようにスイスは，13世紀末に起源を有する同盟から出発し，1798年からの5年間を除き，550年の間連合状態であった．連合の経験はアメリカよりもはるかに長いが，連邦化したのは1848年であり，アメリカ連邦制の成立から半世紀後である．1848年憲法は国家政府をつくることが主目的であり，国家政府として必要な権限が装備されるのは，1874年憲法である．長い期間，連合にとどまっていたが，19世紀になり，図5-2が示すように，左方向に動いている．

日本は，明治期を出発点においた(①)．既存の地域単位でありアイデンティティも強い藩を存続させることは，統一国家化の障害となるため，これらを廃し，新たな地域単位(県)に再編した(廃藩置県，1871年)．まず地域単位を創り，それを動かす制度として地方官官制(1886年)と府県制(1890年)が導入された．県は国家行政の地方行政単位であり，出先型分権である．県会は選出制となっても，知事は官選であり，国家行政の地方総合出先機関としての機能を果たしていた．第2次世界大戦後，地方自治に関する条項をもった憲法が制定され，知事は選挙による選出となったが，国家行政の地方出先拠点としての役割は，機関委任事務制度において継続する．戦前は，総合出先であったのが，内務省の解体により各省の出先となり，機関委任事務制度は中央政府の縦割り行政を県にもちこんだ．選挙により選出されるという民主主義の正統性を有する知事が，中央官庁の下位機関となる機関委任事務制度は，行政権の長に，自治分権と官治分権の二面性をもたせることになった．地方議会はもちろん，長も選挙により選出されるという分権化・民主化の意図も，知事を縛る機関委任事務制

度により相殺された．制度としては単一型分権であるが，機能として出先型分権であり，図5-2では②の位置となる．

地方分権一括法(1999年)は，機関委任事務制度を廃止し，知事をこのねじれから解放した．都道府県は名実ともに自治体となったのである．国政は議院内閣制であるため，行政権の長(首相)は選挙により直接選ばれない．これに対し地方レベルでは，首長(知事や市町村長)を直接選挙で選ぶ．大統領制は，政府の長である大統領を直接選挙で選び，また共和制でもあることから，国家元首も選出する．政府の長と元首が同一人物である．これが地方レベルにおいて再現されている．知事は執行機関の長であるとともに，その自治体のシンボルとして自治体を代表する長の役割を果たしているのである．代議制への信頼が低迷するなかで，民主主義の正統性を具現し明確な存在感を示す知事は，機関委任事務制度を廃止した分権一括法により，分権を具現する主体として強い存在感を示しているのが現在の状況である．

道州制について語られることが多いが，どのような道州制かは未だ明らかでない．強くなった知事に対して，国政側の反発もある．この反発だけが凝集していけば，出先型の方向へもどることになる．図5-2で，④で示しているのは道州制であるが，？？もつけているのは，このためである．道州制によりさらに分権が進み，日本社会が息が詰まりそうな画一性と閉塞感から解放されるかどうかはまだわからない．

日本は廃藩置県を行い，新しい地域単位を創ったが，フランスも，さまざまな地域単位を廃止して県(département)に置き換えた．県の創設は革命前から検討されていたが，実現の第一歩は，1789年12月に投票され法が成立してからである．このときは県の数は確定しておらず，60から120の間を揺れ動いていた．県都から馬車ででかけて日没までに帰ってこられる範囲で領域を区切り，83県(1790年2月)となった．同じように人工的地域単位でありながら，日本の①を左側の出先型に，フランスの①をより右側の単一型においたのは，フランスのこの83県には，選挙により選出された36人の議員からなる議会と，それが任命する8人の行政委員会が設置されたからである．この自治的な制度は，国民公会における2つの勢力(ジロンド派とジャコバン派)の対立の末，県議会廃止(1793年)という結末となる(②)．ジロンド派は地方(ボルドー地域)ベース，

ジャコバン派は中央(パリ)ベースであり，県議会選挙(1792年)におけるジロンド派の勝利に対し，ジャコバン派はパリ民衆と組んで反撃しジロンド派を追放し，ジロンド派の拠点でもあった県議会を廃止したのである．図5-2で示したように，①から②へ一気に左側に移る．

ナポレオンは，知事職(préfet プレフェ)を創設(1800年)し，自身が任命した者をプレフェとして全国の県に派遣した(③)．これはプレフェにシンボル的意義を与えるとともに，官治監督構造の基盤となった．普仏戦争の敗北により帝政が崩壊，共和制へ体制が移行した1871年，任命制であった県会が選出制となった(④)．行政権は中央政府任命のプレフェが掌握しているが，選出制の議会が導入されたことで，出先型分権Ⅰ型から脱出した．1980年代，ミッテラン政権下の地方分権改革により，県議会議長の権限が強化された(⑤)．革命期に自治の単位として出発し，革命の進行とともに官治の単位となった県は，国政の政治体制がめまぐるしく変わる約1世紀の間，官治の単位であり続けた．第3共和制になり出先型から単一型の方向(右方向)に移り，第5共和制の1980年代にさらに右方向に移動した．

英国は，ウェールズ，スコットランド，イングランドといった旧王国が集まってできた国であり，これに，北アイルランドが加わり，現在の英国が形成された．正式国名は連合王国(United Kingdom of Great Britain and Northern Ireland)であり，連合という言葉が使われているが，実際の政治制度は単一制度である．第4章で検討した連合や連合型分権とは，まったく関係はなく，各王国の王冠と議会をイングランドのそれに集約する単一化であった．国名と実態は乖離しているのである．

歴史的には，まずウェールズがイングランドに併合(1536年)された．ウェールズはすでに13世紀にはイングランド王の支配下におかれていたが，独自色はもっていた．1536年の連合法(イングランド議会の制定法)により，イングランド議会にウェールズから代表を送れるようになる一方で，イングランドの社会行政システムがウェールズに適用された．連合とは名ばかりで，実際には同化までも射程に入れた併合であった．図5-2では，ウェールズを対象とした英国の①である．

スコットランドは，1603年にイングランドとの同君連合となったが，統治

機構は別のままであった．図5-2では①である．一方的にイングランド議会の制定法による「連合」であったウェールズの場合と異なり，スコットランドとイングランドとの「連合」は，対等な両者の間で合意された連合条約・連合法(1706年)であり，1706年にイングランド議会が，1707年にスコットランド議会が，批准可決した．1707年，スコットランド議会が停止，イングランド議会にスコットランドからの代表を送る形で議会が一元化された(②)．ウェールズの場合と異なり，スコットランドでは，それまでの社会システムは堅持された．政治的自治権は失ったが，英帝国の一員となることで得られる大市場からの経済的利益は大きかった．

　旧王国地域は一体性を維持しつづけたが，現実には国家を形成する一地域になり，官治の地域単位であった．出先型分権である．決定権はウェストミンスター(国会)に一元化されており，そこに選挙区ベースで選出した代表を送る．議会には，スコットランドからの選出議員で構成される特別委員会があり，閣僚としてスコットランド担当大臣，その行政機関としてスコットランド省があり，国政レベルにおけるスコットランドへの処遇が制度化されていた．スコットランド省は，国家行政機関であるが，本拠を首都ロンドンからエジンバラ(スコットランド)に移し(1939年)，出先型分権としては最大限の分権を実現させた(③)．ウェールズもほぼ同様である(②)．

　「連合」と言いながら，実質的には旧王国を併合することで，国家建設を進めた英国にとって，旧王国地域の扱いは，立法権はロンドンにある国会に集中させながら，行政面では最大限の現地総合出先化をするというものであった．旧王国地域に議会をおくことは英国の解体，との認識がとりわけ保守党に強くもたれていた．

　1997年労働党勝利は，一気に地域分権を進める．スコットランド法(1998年)を制定し，スコットランドに議会を設立，スコットランドは官治の地域単位から自治の地域単位となった．出先型分権からの脱出である．ウェールズも同様に，ウェールズ法(1998年)により議会が設立され，官治分権の単位から，自治分権の単位となった．

　分権の度合いは，スコットランドとウェールズでは異なっている．スコットランド議会には，第1次立法権と第2次立法権が付与され，出先型分権から一

気に連邦型に近い分権へと動いた(④)．これに対し，ウェールズ議会に付与されたのは，第2次立法権のみであり，出先型分権から単一型分権への移行である(③)．

　以上，アメリカ，カナダ，スイス，日本，フランス，英国と，それぞれについて通時的比較を行った．国家建設は国家政府を創設することと同義である．単一制度を国家の政治制度とする国においては，統一政府による地域単位の把握こそが国家統合の要であり，出先型分権が出発点になる．ローカルレベルの地域単位(市町村など)には一定の自治(議会の存在，行政権の行使など)を認めても，リージョナルレベルの地域単位は，国家行政にとって重要であるからこそ，官治の単位そのものとするか官治の性格を強く帯びさせるのである．一方，連邦制度を国家の政治制度としてとった国は，既存の地域単位による統合がつくりだす共通機構をいかに国家政府化するかが重要課題であった．

第5節　分類と比較分析

(1)　調べる作業の留意点

　説明や分析の重要性は，つねに意識しておかなければ，調べるという作業のなかに埋没してしまう．調べることは，知らないことを知る，知りたいことを知ることであり，知的な作業である．しかしインターネットで手軽に即座に情報が集められる状況では，情報の信頼性よりも入手性が重視され，物理的作業に近くなっている．知らないことを知れば，さらに知りたいことが出てきて，それを調べる．このような知の連鎖は，それが考えるという作業とともに繰り広げられれば，螺旋階段をのぼっていくように，1つの軸から離れずにレベルをあげていくことになる．考えることとは，想像し思考し論理をつむぐことであり，時間を要する．次々に情報を集められるインターネットでは，短絡的な判断に陥りやすい．だが，情報の信頼度を見極める眼と，時間をかけても考えることを厭わなければ，インターネットは知的作業を支える強い味方となる．

　インターネットの便利さの1つに，検索機能がある．「〜について」調べたいときに重宝する．検索結果のリストをチェックしていくと，必ずしも自分が知りたい情報が提供されているとは限らない．検索は，検索用語を入力すると，

その用語をもつページを収集するのであり，検索結果リストに入るか入らないかの分類は機械的作業の結果である．検索は一種の分類ではあるが，それは単なる仕分けである．分類が仕分けで終わらず，知的作業の基盤となるには，何を説明するための分類か，という原点を離れてはならない．とりわけ，比較を行うときには，分類作業の質が問われることになる．

(2) 分 類

　比較をする前に，分類は必ず行われている．何を事例とするかを選ぶためには分類は欠かせない．分類を行うときには，必ず分ける基準がある．君主制を共和制と区別する基準は，国家元首が世襲であることであり，連邦制を単一制と区別する基準は，地方政府(リージョナルレベルの政府)が憲法で保障された立法権を持つことである．国家元首と政府の長が同一人物であることを基準とすれば，大統領制と絶対君主制がこの範疇に分類される．分類は，このように，あるグループ(ここでは政治制度)をサブグループ化していくことであり，同じサブグループに属することは類似性が強いことを意味し，サブグループが異なることは相違性が強いことを意味する．比較は，類似点と相違点を明らかにしながら，対象の表面的特徴だけでなく，なぜそうなのかという底流を理解しようとする方法であり，同一のサブグループ内でも，異なるサブグループ間でも行うことができる．同一のサブグループ内での比較は，一般に種類 kind の類似を前提とした上で，程度 degree の相違を測ろうとする．異なるサブグループ間の比較は，種類の相違をふまえた上で，ある種の類似点を見いだし得るかどうかを試みる．

　このように比較の前には，必ず分類があり，分類は比較分析の大前提となっている．何を基準に分類するか，という基準自体が，分析の本質に深く関わっている．その意味で，既存の分類を所与のものと受け入れるのは危険である．既存の分類に依拠するのであれば，その分類が何を基準にしているかを把握しておく必要がある．分類は事例の選択とも密接に関わってくるだけに，分類がいい加減であれば，比較分析は砂上の楼閣となる．

　ここで道州制を例に，分類と比較分析について説明してみよう．まず分類についてである．表5-1は，これまで各方面から出されたさまざまな道州制論を

分類したものである．分類の基準は2つあり，1つが都道府県の扱い，いま1つが道州の性格である．表5-1では縦軸に都道府県の扱いをとっており，都道府県を廃止する，存置する，の2つに分けられている．横軸にとられた道州の性格については，国の行政機関とするか，中間的な団体とするか，地方公共団体とするか，連邦制の州と考えるかの4つに分けている．都道府県の扱いで2種類，道州の性格で4種類，これを組み合わせて，計8つの類型ができる．その類型に，いままで出された道州制論を仕分けしている．

　道州制論を分類する場合，表5-1のような基準のほかに，主張者を基準とする分類(政府，政党，経済団体など)，時期を基準とする分類(戦前，戦後復興期，高度成長期，近年)なども可能である．どれが正しい分類かは，何を説明するための分類かで決まる．表5-1では，道州制の制度設計(広域の地域単位の創設)を念頭に置いているので，既存の地域単位である都道府県をどうするか，新設の広域地域単位の性格はどういうものかという，もっとも基本的な要素を分類の基準としている．

(3) 比較分析のための分類

　分類は重要であるが，それぞれのサブグループの特徴を記述することに終わってしまってはならない．相違点や類似点を見つけることも重要であるが，この段階にとどまっていてはならない．これらはあくまでも分析のための材料なのである．なぜそのような相違点や類似点が出てくるのか，という説明をすることが，比較分析である．分類や記述は，あくまでも比較分析のための前奏である．

　道州制の議論において，既存の地域単位である都道府県をどう扱うか(廃止か存置か)という論点が先行しがちなのは，現実的ではある．しかし道州という広域の地域単位を創設することで何を目指しているのか，という本質に焦点をあてて議論を詰めておくことが重要である．

　市町村(基礎自治体)についてその存在が前提となっているとすれば，都道府県を廃止して道州をつくる場合は二層制(ローカルレベルとリージョナルレベル)，都道府県を存置して道州をつくる場合は三層制(ローカル，小リージョナル，大リージョナル)となる．しかし道州の性格により，この二層制，三層制

表 5-1　道 州 制

区分	国 の 行 政 機 関	中 間 的 な 団 体
都道府県を廃止	◇官治的道州制案 ・行政調査部「州制」案(昭和23年) ・市議会議長会「道州」案(昭和29年) ・関経連「道州」案(昭和30年)	◇中間的道州制案 ・第4次地制調「地方」案(昭和32年)
都道府県を存置	◇地方行政官庁案 ・州庁設置案(昭和2年) ・地方総監府(昭和20年) ・地方行政事務局(昭和20年) ・行政調査部「地方行政庁」案(昭和23年) ・第1次臨調「地方庁」案(昭和38年) ・町村会「道州」案(昭和29年) ・市議会議長会「道州」案(昭和32年) ・町村会「道州庁」案(昭和32年) ・関経連「地方庁」案(昭和56年) ・関経連「地方庁」案(平成元年) ・平松大分県知事「九州府」案(平成7年)	◇国と都道府県との協議・共同組織案 ・地方行政協議会(昭和18年) ・地方行政連絡協議会(昭和40年) ・岸大阪府知事「近畿圏」案(平成2年)
その他		

という数え方が影響される．道州を地方自治体とすれば，都道府県を廃止した場合は二層制，存置した場合は三層制となる．道州を地方自治体ではなく国の地方行政単位(官治の単位)とすれば，都道府県を廃止して道州がつくられた場合，地方自治体としてはローカルレベル(基礎自治体)のみの地方一層制となる．都道府県を存置しながら道州をつくる場合は，市町村と都道府県の地方二層制

論 の 類 型

地 方 公 共 団 体	連 邦 制
◇自治的道州制案 ・行政調査部「道制」案(昭和23年) ・自民党議連「道州」案(平成12年) ・民主党「道州」案(平成12年) ・市長会「特別地方団体」案(昭和29年) ・市長会「道州」案(昭和32年) ・関経連「道州」案(昭和44年) ・日商「道州」案(昭和45年) ・日商「道」案(昭和57年) ・中経連「道州」案(平成元年) ・PHP「州府制」案(平成8年) ・読売新聞社「12州300市」案(平成9年) ・経済同友会「道州」案(平成14年) ・日商・東商「道州」案(平成14年) ※二層制の地方自治制度	◇連邦制的道州制案 ・平成維新の会「道」案(平成元年) ・青年会議所「州」案(平成2年) ・行革国民会議「州」案(平成2年) ・岡山県研究会「州」案(平成3年) ・恒松外「州」案(平成5年) ・中経連「州」案(平成14年) ・日本経団連「州」案(平成15年) ※一層制の地方自治制度
◇現行都道府県を越える広域的地方公共団体案 ○三層制 ○都道府県統合案 ・町村議会議長会「府県統合」案(昭和29年) ・第4次地制調「県」案(昭和32年) ○都道府県の自主的合併案 ・第10次地制調「府県合併」案(昭和40年) ○都道府県連合案 ・第13次地制調「連合」案(昭和44年) ・第23次地制調「広域連合」案(平成5年) ・広域連合制度(平成6年)	◇連邦制的道州制案 ※二層制の地方自治制度
◇選択的道州制案 ・関経連「州」案(平成15年) ※二層制又は三層制の地方自治制度	

第28次地方制度調査会資料

である．その上に官治の地域レベルが置かれる．

　道州制とは呼ばれていないが，官治の地域レベルを国の地方出先機関と考えると，現行はこの状態である．国の地方出先機関という言い方は流布しているが，厳密に言えば，各中央官庁の地方支分部局である．地域をベースとした総合的行政ではなく，所管事項をベースとした個別行政であり，管轄区域はそれ

ぞれ異なっている．道州制の設計にあたっては，広域の地域レベルに現存する地方支分部局の問題を避けてとおることはできない．官治道州制にこだわるのであれば，少なくとも，管轄区域の異なる中央官庁の地方支分部局を，管轄区域が確定した国の総合地方出先としなければ，広域地域レベルに2種類の官治の機関が出現することになる．

　自治か官治かの本質的違いは，現場との関係が一方通行か双方向かにある．自治は住民の選挙による選出であり，官治は中央政府による任命である．選出あるいは任命の対象は誰かも重要な基準である．自治か官治かを分けるもっとも基本的な基準は，議会選挙の有無である．第1章で説明したように，自分たちに関わるルールを，自分たちで決めることができることが，民主政の基本である．ルールを決める，とは立法であり，皆で決める場合が直接民主政，代表を選び彼らが決める場合が代議制（間接民主政）である．例えば，ある国家が民主主義体制であるかどうかを判断するのは，国名に「民主主義」が付いているかどうかではなく，議会（国会）の選挙が行われているかであり，さらに言えば，選挙結果が尊重されているかである．地方レベルでこれを考えれば，自治と民主政は同義であり，自分たちで決めることができるためには分権が必要なのである．地方分権化が国家の民主化と同じ文脈で語られるのはこのためである．

　議会選挙は民主主義の必須要件であり自治の基本である．第3章で説明したように，行政権の長の選ばれ方（政権のつくられ方）は政治制度を説明する重要な要素となっている．大統領制では，行政権の長（政府の長）は直接選挙で選出され，議院内閣制では，議会が選出する．議会選挙の結果が反映されるが，国民から見れば間接的である．第1章においても留意を促しているが，政府の長が議会経由で間接的にしか選べないのが間接民主政，直接選挙されるのが直接民主政，ではないことを再確認しておきたい．

　国政レベルでは，行政権の長が，国民から直接選出されるか（議会選挙と大統領選挙の2種類の選挙の存在），間接的か（選挙としては議会選挙のみ）は，国家の政治制度の違い（大統領制か議院内閣制か）を生み出す．地方レベルでは，これら2つが示唆する政治制度の違いのほかに，中央政府の任命という方法がもたらす官治の要素を考慮に入れざるを得ない．よくも悪くも，行政権の長は政治のシンボル的存在であり，それが中央政府の任命であるということは，官

治のシンボルでもあるのである.

表5-2 選出方法を基準とした分類

	自治道州制	自治道州制	自治官治並存	官治道州制
行政権の長の選出の方法	住民による直接選挙	議会が選出	中央政府の任命	中央政府の任命
議会選挙	有	有	有	無
選挙と任命	① ○ □ ⇑ ⇑	② ○←□ ⇑	③ ↓○ □ ⇑	④ ↓○

○ 行政権の長　　□ 議会
⇑ 住民による選挙　　↓ 中央政府の任命

　表5-2は, 道州における議会選挙と行政権の長の選出方法を基準とした道州制の分類である. 議会選挙があれば自治道州制とは必ずしも言えないのは, 行政権の長が「誰に」選ばれるか, すなわち中央政府の任命という手法が, 地方レベルではありえるからである. 表5-2の②のように, 行政権の長が, 直接選挙で選出されず, 議会により選出されても, それが自治であるのは, 議会と行政権の間に相互関係が成立しているからである. しかし③のように, 行政権の長が中央政府の任命になれば, 住民による選出という自治の流れは行政権に及ばない. たとえが適切ではないかもしれないが, 植民地では議会があるが, 宗主国から任命された総督が実質的な支配者であるという状態と類似する（第3章の図3-1）. フランスは, 自治官治並存を制度化している. 選挙で選出される県議会（自治）と中央政府の任命の知事（官治）である. フランスで地方分権と言えば, 長らく, 中央政府から現場の知事への分権（déconcentration）, つまり出先型分権であった. 立法権においては地方政治家が国会議員を兼務できることで国政への地方の参加が制度化されているが, 行政権においては, 中央政府が地方を管理するという官治が伝統であった.

　自治官治並存は, 表5-2の③に示したように, 行政権の長が中央政府任命による場合以外にも起こり得る. 自治道州制と分類した①あるいは②において,

例えば機関委任事務制度のように，行政権の長が中央官庁の下部機関として扱われる場合である．中央政府の任命という明確な行為はなくとも，中央官庁への復命が課されれば，官治の主体となる．住民による直接選挙か，あるいは住民が選出した議員の合議体である議会によって選ばれるという自治の主体が，官治の主体でもあるという混合は，それぞれが別人物である並存よりも著しく正当性を欠くものである．

表5-2に示した4つの分類は，自治か官治かの視点から道州制のあり方を比較分析するための分類である．前出の図5-2に示した日本の④が，右方向に向かうか，左方向に向かうかを決めるのはこの基準である．通時的比較分析においても，国際比較分析においても，基本となる重要な分類である．

分類は，分類することが目的ではなく，比較分析の前奏であり，何を分析するかが分類の基準を決めるのである．

第6節　土壌・文脈の重要性

(1)　土　壌──歴史，文化，伝統

比較の手法をとる場合，事例の取り扱いに関して留意しなければならないのは，その事例の背景である．自然科学とは異なり，事例は同一の条件の実験室のなかで生じたものではない．どのような状況のもとで生じた現象なのかを理解せずに，現象だけを比べるのは，表層的である．とりわけ外国と比較するとき，その国の歴史，文化，経済，伝統，価値観など，その国の土壌とも言える国家伝統 state tradition を考慮に入れることなくしては，都合のよいところだけに目が向き，バイアスが増幅される．通時的比較において過去と比べる場合でも，当時の経済社会状況を検討することなく，表面的現象にだけとらわれてはならない．

統治は，経済，社会，文化(民族，宗教，言語)，歴史など，政治以外のものを反映させざるを得ないのであり，直接的にも間接的にも政治を形づくっている環境が政治文化である．政治文化は政治現象を生み出す土壌であり，常にその現象に密接に関わる背景として在るのであり，政治文化を考慮に入れることは，同一の条件にないものを比べることが中心となる比較政治学においてきわ

めて重要である．

　同じ種類の木でも，土，水，日当たり，温度，湿度など，生育条件が違えば，同じ形態にはならない．例えば議院内閣制という同じ制度をとりながら，英国やカナダと日本ではそのありようは大きく違っている．議院内閣制では首相のリーダーシップは発揮できないといった主張や，議院内閣制なのだから政府は議員の意見を尊重しなければならないといった主張は，英国やカナダでは聞かれない．

　木や花を見て，それが美しいからといって切り取っても，育った環境が違えば，その美しさは維持されない．ある政策がある国で成功したからといって，それと同じ政策をとれば成功するとは限らないのである．アメリカの企業経営を企業統治の原型として導入したり，投資よりも投機へ傾く経済傾向に同調することで，日本経済が活性化するとは限らない．そのままの形を移植するのではなく，その生育環境に合うような形にしなければ，移植自体がネガティブな効果を与えることになる．

　事例を取り扱うということは，事例の背景ともなっている政治文化も考慮にいれることである．なぜそのような制度をとったか，なぜその政策がとられたのかなど，事例のなかでも「なぜ」を問うことが求められるのである．

(2)　文　脈

　比較という手法は，少なくとも2つ以上の事例を前提とする．事件や現象など対象とするものを，それと類似した過去の，あるいは他国の事例と比べ，相違点や類似点を析出することで，より深い理解を可能とする．時代性や歴史・文化・社会など，背景の違いを考慮に入れながら，個々の事例に内包されているコアの部分は何かを探ることができれば，それがきわめて稀で特殊な事例なのか，あるいは一般性を持ち得るのかがわかってくる．

　2つ以上の対象を持つことは，1つの事例を，単独に見ることから離れざるを得ないことを意味する．至近距離でそれだけを見るのではなく，少し離れてより広い視野のなかにおいて見ることになるのである．部分と全体という比較の考え方を思い出してほしい．その事例がすべてではなく，部分となり，全体をつかんではじめて部分がわかるのである．部分だけ見ていても全体像はつか

めない．「木を見て森を見ず」であってはならない．全体のなかに位置づけてこそ，その意味がよりわかるのである．このためには全体を把握しなければならない．その上で，それを文脈として事例を位置づける．比較の方法が広い視野をもたらしてくれるのは，背景として土壌や文脈をとらえるからである．

（3） フランスにおける分権の意味 —— 土壌と文脈の重要性

　土壌と文脈の重要性を，フランスにおける分権を例に説明してみよう．フランスを選んだ理由は，明治期に導入された日本の地方制度(廃藩置県，府県制，地方官官制)は，フランスの影響を色濃く受けているからである．日本の地方制度は，第2次世界大戦後はアメリカの影響を受け，接ぎ木のようになっているが，近代国家の確立のために国家行政の地方拠点を整備した出発点においては，フランスの制度の影響がある．また，日本もフランスも中央集権国家と言われるが，その言説の根拠は何か，何をもって中央集権というのか，仮に中央集権であるとすれば，そのような前提からの分権改革はどのように説明するのか．外国の制度や政策などの可視的な部分だけを切り取るのではなく，なぜそのような制度であるのかを理解しておくことは重要である．

　フランスでは，「集権」(サントラリザシオン centralisation)という言葉は革命期早々の1794年にすでに使われているが，「分権」(デサントラリザシオン décentralisation)という言葉が出現したのは，1820年代である．しかしこの言葉が意味した内容は，官治分権(出先型分権)であり，自治分権(単一型分権，連邦型分権)は想定すらされていない．フランスの政治語彙に初めて入った分権は官治分権なのである．地方における官治の担い手は，絶対王政期の地方長官(アンタンダン intendant)やナポレオンが創設した知事(プレフェ préfet)が典型である．国が決めたことを地方で執行する責任者として国から任命された官吏である．この時期に使われているデサントラリザシオンの意味は，パリ(中央政府)に強くつながりながら現場にいる彼らに分権することである．「パリによるペリフェリーの管理」の強化であり，官治分権である．これに対しアングロサクソン世界では，decentralizationの用語は，このような中央による地方管理の強化の意味をもたない．当時のフランスでは分権とは官治分権であることが当然であったという証左である．用語と概念が対応していなかったのである．

第 2 帝政末期の 1860 年代になって，選挙により選出された機関が地域に関わる事項の運営に参加すること（自治分権 décentralisation）と，中央政府から任命された地方出先機関が地方行政を直接執行すること（官治分権 déconcentration）とは，別の「分権」であることが理解され始め，用語と概念に一致が見られるようになった．その後のデクレは，デコンサントラシオンを意味しながらデサントラリザシオンという言葉を使うことはなくなった．

地方レベル（リージョナルレベル）への自治分権，その結果としての多様性などは，フランスの文脈では異質であり，官治分権が肯定的な価値を持つ．前述したように，分権＝官治分権が出発点である．なぜそのような認識が支配的なのか，フランスにおける分権の意味を探るには，近代国家建設の契機となった革命期にさかのぼらなければならない．

フランスの正式国名は，フランス共和国 République Française である．第 2 章で述べたように，共和国の成立は君主制の否定であり，「権力の乗り換え」という革命を伴うきわめて過激なものであった．初めて共和国を成立させたアメリカ（1787 年憲法）は，英国の君主からの断絶を，植民地の独立という形で実現させた．一方フランスは，国王の拘束・幽閉・処刑という過激な形で共和制になった．しかしフランス革命を詳細に見てみると，いきなり共和制になったのではないことがわかる．

1789 年に導入が決まり，翌年に創設された県は，1793 年までは選出制の議会と議会が任命する執行機関をもち，当時としては珍しいきわめて民主的で自治的な地域単位であった．そのような県議会が 1793 年に廃止されたのは，革命政権（国民公会）での 2 大勢力の覇権争いの結果である．地方の商工業ブルジョワを基盤とするジロンド派は，1792 年の県議会選挙で圧勝，多様性と分権を重視する連邦主義的地方自治を実践しようとした．革命発祥の地パリをベースとするジャコバン派は，「法の下での平等」という革命原則をもちだし，各地域の特殊性を認めるような連邦主義の信奉者は死刑に値すると対抗した．革命初期のフランスは，地方分権主義が優勢であったのである．

1793 年，ルイ 16 世の処刑が執行され，これに震撼したヨーロッパ諸国は，対仏包囲網を強化，フランスはますます孤立する．同年，ジャコバン派は，パリの民衆（サンキュロット）と組むことで，地方分権重視のジロンド派を追放し，

革命政権を掌握する．この2つの事実の帰結が，パリ（中央）に権力を一元化し地方を管理するという官治の土壌を作り出したのである．このジャコバン主義が近代フランスの原型となる．

　国王を葬り去ることで，王国でなくなったフランスは，周辺諸国から敵意と警戒をもたれるなかで，国家という枠組，国家という容器の重要性を痛感する．国家という容器の大きさを決める国境，その中で暮らす人々は，言語や文化の違いに関わらず皆国民である．パリを中心として全国津々浦々に指揮命令網を敷き，パリで決めたことをどこでも同じように執行することで，国民と国家の統合をはかる．国王処刑で元首がいなくなった状態で国家を存続させるためには，革命理念である法の前での平等を，法の執行の平等として全国津々浦々で同じ行政を行わなければならない．平等という名の画一性を基本とする地方官治が国是となったのである．ナポレオンはこれを国家システムとして完成させた．

　ナポレオン統治後，王政復古，7月王政，共和政，帝政と，国家の体制はめまぐるしく変わるが，県は一貫して官治の単位であり続けた．第3共和制初期の1871年に選出制の県議会が復活したが，中央政府の任命による知事が行政権を持ち続けた．自治と官治の併存体制である．第5共和制の1980年代に県議会議長の権限が強化され，議会選挙導入により州（レジオン）が自治体化される「分権改革」（デサントラリザシオン）が行われたが，1990年代に入ると，知事権限の強化という「分権改革」（デコンサントラシオン）が行われた．

　フランスにおける分権の意味を理解するには，歴史や政治文化といった土壌や文脈の助けが必要なのである．

　以上，本章では比較の意味を，さまざまな角度から説明してきた．広い視野をもつこと，部分と全体の位置づけを考えること，表層に目を奪われず深層まで見ることなど，比較の方法を身につけることは，フェアネスとバランス感覚を磨くことでもある．比較の方法がないと，比較と言いながら，都合のよい事例だけを用いたり，一部を都合よく切り取ったり，視座が定まらず漂流したりする．比較は，考える力やバランス感覚を育む強力な武器であると同時に，独断と偏見を増長する武器ともなる両刃の剣なのである．前者とするには，比較

の方法を身につけることが必要である．

　激動する国際社会のなかで日本がサバイバルするためには，「我が国はこれでいいのだ」と閉鎖的な自己完結になったり，「外国のようにしなくてはいけない」と卑屈になってもいけない．「日本はどのようにここまできて，そしてこれからどこへいくのか」，国内外の状況を把握し，判断し，議論することが不可欠である．さらにこれらに加え，決断し，説明することがとりわけ政治に求められているのである．これには広い視野と深い分析が不可欠である．比較の方法は，どのような分野においても有効であるが，何よりも政治に求められる「なぜを説明」することを助ける大きな力となる．比較政治学の本領は，そこにある．

　比較の方法を活かすのは，明確な問題意識と問題を設定する能力である．明確な問題意識をもつには，まず感性のアンテナを磨くことと基本的知識を装備する必要がある．問題を設定するには，明らかにしたいことを明確にし，「謎」と論理をつむいで解いていく「謎解き」を意識しなくてはならない．比較という方法は，想像力と思考力，論理力を鍛え，広い視野から鋭く切り込み，本質に迫ることを可能にする．実際に比較の方法を身につけるには，リサーチデザインと「抽象の階段」の上り下りが不可欠である．次章でこれらについて言及しよう．

第6章

比較政治学の方法論(2) ── リサーチデザイン

> **Keyword**
>
> 謎解き,なぜなぜチェーン,抽象の階段,考える,概念化,共通の土俵,問題設定,説明変数と被説明変数,分析枠組,知的螺旋階段

第1節　問題意識から問題設定へ

(1)　比較というメソッドで「謎」を解く

比較はあくまでもメソッド(方法)であって，目的ではない．これを取り違えると，それぞれの事例の記述に終始する，あるいは，言いたい点を強く出すために比較を装うことになる．重要なのは，何か明らかにしたいこと，「謎」があって，それを解き明かし説明するために，情報を集めたり調べることである．情報を集めることやそれを分類することで満足してしまってはならない．

前章であげた問題の3つのたて方(①what，②why，③how to)のうち，比較において必須なのは，①と②である．②が中核で，①はその前提，という位置づけである．知識や情報はインフラとして必要なのであり，①で終わってしまっては比較とは言えない．調べたことを記述するのは比較ではない．比較とは説明，分析なのである．

③については，①と②を包含する比較分析が行われれば，明示的でなくともその分析結果には③が含まれる．「～すべきだ」「～した方がいい」といった処方箋は，なぜそうなのかの説明があって初めて説得力をもつ．「なぜ」が説明され，「なぜそうなのか」が分析されていれば，自ずからどうすればいいかは

示唆されるのである．忌避すべきは，③の結論が決まっていて，それにハクをつけるために，①を恣意的選別的に使い，②が欠落することである．独断と偏見を助長するために比較を装うことはよくあるので，それは目くらましの比較であることを見破らなくてはならない．

「なぜ」や「謎」，つまり明らかにしたいことは何かがわかっていないと，情報の海に溺れるか，暗闇のなかで迷子になるようなものである．リサーチデザインの出発点は，問題意識をもち，そのなかからとりわけ知りたいことや明らかにしたいことを明確にすること，つまり問題設定である．自分自身がわくわくするような「謎」を設定し，わくわくしながらその謎解きをする．この知的作業について自分以外の人に説明する．謎解きに比較という手法を使うことで，前章で述べた比較の3つの潜在力（科学化，相対化，総合化）を活用して，説得力のある分析ができるのである．

(2) なぜなぜチェーン

「なぜ」という疑問は，突き詰めて考えていくとどんどん深みにはまる．突き詰めて考えなければ，とりあえずの答えは出る．どのくらい深く突き詰めるかは，問題意識の深さと関係する．なぜ人は生きるのか，なぜ人は争うのかといった問いも，漠然と問いを反芻していてもその回答はひきだせない．問題意識はあっても，それだけでは，前に進めないのである．もちろん問題意識すらない状態に比べれば，問題意識がある，というのは，感性と知性のアンテナにひっかかるものがあるのであるから，はるかに知的である．それが当然だと思っていた，所詮こういうものだと思っていた，と何か起こったあとで受け身であったことに気が付いたり，そういうことは想定していなかった，と思考停止に陥ったりするのは，想像力と創造力の欠如の結果である．自分に直接関係する狭い範囲のものしか見ておらず，しかもそれがすべてなのである．前述した比較の第2の考え方である相対性，つまり広い文脈のなかに位置づけることがされなければ，他では通用しない内輪の論理を正しい論理のようにとらえてしまうのである．

疑問をもつことは，狭い世界から飛び出す契機であり，「考える」ことの出発点である．なぜそうなのか，と問い，その問いに答えようとする思考の過程

で，次々に「なぜ」が生じ，それが世界を広げる．その「なぜ」の連鎖のなかで論理をつむいでいきながら，答えを見つけようとすることで，考える力が養われていくのである．

「なぜ」が連鎖していくと，そのつながりを解き明かそうと，判断材料となるもの(事例，情報，知識など)をできるだけ多く必要とするようになる．謎解きに直接関係するもの，間接的にしか関係しないもの，マージナルなものなど，さまざまであるが，材料はできるだけ多い方がいい．1つ1つは無縁のようであっても，相互にどのように連関しているかは分析してみないとわからないことも多い．ジグソーパズルの断片のようなものである．断片だけを見ていてはその意味はわからない．何を組み立てようとしているのか，何を明らかにしようとしているのか，が明確でなければ，「なぜ」の連鎖はもつれるか切れるかし，混乱と中途半端で終わってしまう．できの悪い推理小説のようである．手に入れた材料をいかに使いこなすかは，論理力にかかっているのである．

(3) 問題意識から問題設定へ

比較というメソッドで「謎解き」をする．比較というのはあくまでも方法であるので，その方法をいかにマスターしているかが，「謎解き」の成否に関わってくる．

比較をもちいての謎解きにおいて陥りやすいのは，比較が複数の事例や広い文脈を要求するがゆえに，そこにとどまってしまうことである．それらを調べ，記述するだけでも相当な勉強量となるので，そこで満足してしまうことが起こり得る．これは知りたいことを知るための前奏であるにもかかわらず，その段階で終わってしまうのである．そのような陥穽を避けるには，それらの作業があくまでも分析のためのインフラであることを常に意識しておくことである．分析，つまり何を明らかにしようとするのか，を常に自問することである．しかしそう自問しながらでも，調べる作業の過程において，皮肉にも真面目に調べれば調べるほど，知りたいことがでてきてさらに調べる作業に没頭するということが起こる．ではどうすればいいのであろうか．

まず第1は，「謎」を明確に表現する，つまり問題設定の明確化である．「謎」が曖昧では「謎解き」も曖昧とならざるを得ない．第2は，「謎解き」の

工程表をつくる，つまり分析枠組の構築である．

　問題意識とは，ある事項や現象などに対して疑問や関心をもつことである．この段階では，何となく気にかかる，といった状態であり，その気にかかることに関係する疑問や関心が，断片的にある．問題意識をより明確で具体的な設問として表現するのが問題設定である．～について関心があるのが問題意識であり，それを，～についての何を明らかにしたいと明確にするのが問題設定，つまり「謎」の設定である．

　例を用いて，これを説明してみよう．

　日本の地方分権論議のなかで，究極の分権は連邦制に移行することである，との主張がある．これに対し，はたしてそうであろうか，と疑問をもつ．これが問題意識である．と同時に，これに関連しながらさまざまな事項が浮かんでくる．これらをA, B, C～Gと変数で表示してみよう．

　　　A：分権　　　B：連邦制　　　C：中央集権　　　D：政治制度・統治機構
　　　E：憲法　　　F：単一制　　　G：文化的多様性（民族・言語・宗教など）

　問題意識の段階は，図6-1に示したように，A, B, C～Gは，それぞれ断片的で孤立している．問題意識の段階から問題設定へ向かうには，図6-2に示したように，これらの変数の間にどのような関係があるのかを推論する．

```
          C   F              A＝B？   A＞B？
     A    B   D              B＝D    F＝D    C＝D？   C＝F？
          G   E              G～～B？        B～～E    D＝E
```
　　図6-1　問題意識の段階　　　　図6-2　問題設定へ向けての推論

すなわち，
　　分権＝連邦制ではないのではないか．
　　分権と連邦制は関係があるが，分権は連邦制より広い概念ではないか．
　　連邦制は国家の政治制度であり連邦憲法が必要．
　　連邦制でなければ単一制．
　　連邦制国家では分権，単一制国家では集権なのか．
　　単一制国家でも分権型社会を実現させている国はあるのか．
　　分権には政治制度と関係するものとそうでないものがあるのではないか．

連邦制は文化的亀裂がある国家がとる政治制度ではないか．といったように，変数の関係を推論する．

　このように一種のブレーンストーミングを十分に行いながら，もっとも関心がある点へと煮詰めていく．問題意識にもどり，「なぜ分権を実現するには連邦制への移行が必要という主張を疑問に思ったのか」を再度自問すれば，単一制度では分権は実現しないという決めつけと連邦制を分権のための道具として見ていることに対して批判的であることがわかってくる．ではなぜ批判的になるのかとさらに問えば，連邦制は国家の政治制度であり，単一制度から連邦制度へ移行するというのは統治機構の根幹を変えることなのに，そのような重大な意味が捨象されているからである．分権と連邦制の間には密接な関係があることは納得しているが，連邦制は連邦憲法をもつ国家の統治機構であり，分権とは次元の異なるものであると頭のなかで整理できる．なぜなぜチェーンの中を行きつ戻りつしながら，自分がもっとも知りたい「なぜ」は，「なぜ連邦制という国家制度をとったのか」という国家の選択であることがわかってくる．この裏には，「なぜ単一制度をとらなかったのか」という暗黙の「なぜ」もある．

(4) 説明変数と被説明変数

　このように「なぜ」を煮詰めていくうちに，謎解きのためには，政治制度としての連邦制と単一制の違いを明らかにし，分権とは何かをまず明らかにする必要があることがわかってくる．主要変数は，「連邦制」と「分権」である．この2つの変数は，どのような関係に位置づけられるのであろうか．

　何を説明するのかの何は，被説明変数である．これを何により説明するのかの何は，説明変数である．何を，何で，説明するのか，を明確化することこそ，問題設定の最重要課題である．問題意識から問題設定へ向かう思考の過程で，数ある変数の中から主要変数を析出し，それが説明変数であるのか被説明変数であるのかを，確定するのである．

　ここでは，連邦制を被説明変数に，分権を説明変数とし，連邦制を，分権で，説明する，と設定することとする．その前提には，分権＝連邦制ではなく，分権＞連邦制であるとの認識がある．

ここでは，連邦制を，分権で，説明する，と設定したが，「分権」も「連邦制」もともに主要変数なのだから，説明変数と被説明変数を入れ替えて，分権を，連邦制で，説明する，と設定すれば，どのような違いが出てくるのであろうか．

分権を，連邦制で説明する，と設定すれば，連邦制よりも広い概念であろう分権を，連邦制だけで説明することにより，説明されない分権が出てくる．分権を連邦制で説明しようとするのは，分権＝連邦制，と前提するからである．

分権＞連邦制との前提は，単一制でも分権が可能，という暗黙の問題意識と密接に関連している．分権＝連邦制は，分権の可能性を狭めるような前提であり，その上にたって問題設定はできない．

何を説明変数，被説明変数とするかを決めるのが，問題設定である．説明変数も被説明変数も主要な変数であるので，どちらにも強い関心があるため，無意識のうちに入れ替わることも起こり得る．そうなれば，何を説明するのかが，何で説明するのかと混同されてしまい，変数の間を右往左往し，問題設定にまでいたらない．

何を説明するのか，「謎」を明確に表現することが問題設定である．

第2節　分析枠組の構築

問題意識から問題設定への過程は，関心を煮詰めながら焦点を合わせていくプロセスである．その成果として問題設定が行われる．「謎」を明確に表現することが問題設定に求められるのは，「謎」が曖昧なままでは，「謎解き」も曖昧にならざるを得ないからである．

設定された「謎」を解くためには，どのような方法で解くのかを具体化する「謎解き」の工程表が必要である．これが分析枠組である．つまり何を説明するのかを明確にするのが問題設定であるとすれば，それをどのように説明するのかを示すのが分析枠組である．分析枠組の構築なしには，分析実証作業を行うことは困難である．

では分析枠組はどのような要素をもってどのように構築するのであろうか．

(1) 概念の明確化にあたっての2つの作業 —— 理論と先行研究

　まず最初に行うのは，主要変数の概念を明確にする作業である．問題設定では，何を何で説明するのかが明らかにされているが，この何に相当するのが主要変数である．上記の例にもどれば，「連邦制」と「分権」である．これらの概念を明確にする，あるいは定義することが，分析枠組の構築には不可欠である．概念の明確化にあたって，まず次の2つの作業をあらかじめ行っておく．1つは理論との対話，いま1つは先行研究の概観(literature review)である．それぞれについて説明しよう．

　理論との対話とは，変数を，より抽象度が高く包括的な視点(理論)から見ることである．変数をすべてとするのではなく，それをより広い文脈に位置づけ，部分化するのである．例えば「連邦制」という変数を，連邦制以外を捨象して見るのではなく，連邦制を含めた政治制度全体の視点から見るのである．なぜそれが必要なのであろうか．連邦制を政治制度全体のなかでとらえ直さず，連邦制以外を捨象することは，連邦制とは何かをすでに決めてかかっていることになるからである．

　問題設定において主要変数に選ばれたのは，それが問題意識の段階で関心をもった多くの変数のなかで，もっとも関心が強かったがゆえである．であるからこそ，客観的に見直すことをしなければ，主観や思い込みを前提にすることになる．

　関心をもつということは，価値や主観が強く影響するからであり，対象と自分の距離はとても近い．近すぎて見えないところもあるかもしれないし，近すぎるので歪んで見えるかもしれない．距離をおくことで，全貌がわかったり，よりはっきり見えたりする．

　理論との対話は，このように距離をおくことで，包括的な視座からより客観的に変数をとらえ直し，その概念化をすることである．

　先行研究の概観とは，変数(例えば「連邦制」)に関して，これまでどのような研究がされてきたかを検討することである．具体的には，「連邦制」について書かれた文献や論文などを読む作業であるが，ただ読むのではない．事実と論理の2つを読みとるのである．事実の読みとりとは，経験的事例の叙述において，現実の描写なのか，著者の推測なのかを分けることである．論理の読み

とりとは，リサーチデザインを読みとることである．すなわちどのような問題設定がされ，どのような論理展開がされているかを読みとることである．問題設定や論理は実際に記述されているとは限らないので，まさに読みとりであり，読む側に能力が求められる．と同時に，書いた側の能力も明らかになる．なぜならいくら読みとろうとしても問題設定がされていない場合もあるからである．そのようなものを選別していくのも，この作業の一環である．

　先行研究を検討することは，自分の問題設定が，オリジナルなものなのか，それともすでに研究蓄積があるものなのかを知ることでもあり，アカデミック版「市場調査」である．

(2) 概念化──コンセプトとコンセプション

　理論にあたり，また先行研究を概観するのは，主要変数を概念化するためである．この2つの作業を行わなければ，客観性を欠いたまま，自分の思い込みが正しいものと信じてしまう．それが正しいかどうかをまず検証しておかなければ，その後の論理展開に説得力をもたせることはできない．

　理論と先行研究を検討することは，主要変数に関わる情報を広く深く集めることでもある．自分が考えていたことや集めた情報を整理しながら，主要変数の概念の明確化を行うのである．

　まず概念とは何かを知らなければ，明確化もできない．概念とは，容器のラベルであり，その容器の中身である．例をあげて説明してみよう．図6-3は，「連邦制」というラベルの貼ってある容器と，「連邦制」に関係するさまざまな事項がその容器の中にある状態を示している．第1章でも述べたように，容器とそのラベルが「コンセプト」であり，その容器の中にあるのが「コンセプション」である．これらが総体となって「概念」を形成している．

　概念の明確化とは，この容器のなかからどのコンセプションをとりだしたかを示すことである．それを行わず「連邦制」という用語を使えば，それぞれの人が考える連邦制を「連邦制」だと思ったままになる．つまり同じ用語を使いながら，異なる内容を抱いているかもしれないのである．共通の土俵あるいは共通の認識がないままに議論することがいかに徒労であるかが示唆するように，まず用語が意味するものを明確化しなければ，説得力のある論理を展開するこ

第2節 分析枠組の構築 ── 151

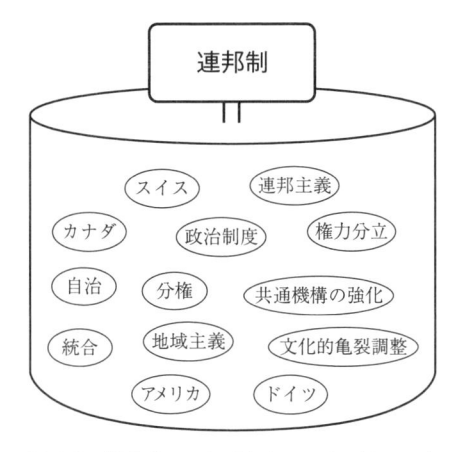

図 6-3 概念（コンセプトとコンセプション）

とはできない．

　用語が意味するものを明確化することは，アカデミックな分野だけでなく，政策や商談においても重要である．例えば最近，道州制がよく話題になる．道州制の導入，といったように，すでにそのような制度があるような印象すら与える．しかし現実にはそのような制度はまだ存在しない．どのような制度とするかの制度設計の議論が行われている状態である．その制度設計においても，都道府県を廃止して道州を置き，地方制度の二層制(市町村と道州)を維持するのか，それとも都道府県を存置してさらに広域の単位としての道州を置き，地方三層制(市町村，都道府県，道州)とするのか，できるところから都道府県が合併して道州となるのか，それとも全国一斉に道州となるのか，など多くの課題をかかえており，道州制の内容はまだ明確ではない．その一方で，道州は国の行政区域という考えや，道州の長官は国から派遣といった地方分権に逆行し国の支配を強める考えも，逆に国家解体再構築となる連邦制も，道州制という同じ用語を使って語られる．

　概念化の視点からこれを説明してみよう．「道州制」というラベルのついた容器(コンセプト)がある．この容器のなかには例えば上記に述べたような内容など，各人，各界，各団体それぞれが「道州制」だと思っている内容(コンセプション)が入っている．それぞれが自分の考える道州制を「道州制」とみな

せば，考えている内容は異なるのに，「道州制」という同じ言葉を使うことになる．議論を展開するには，共通の土俵を整備するか，少なくとも，「道州制」という用語でそれぞれが意味している内容を明らかにすることが，前提として必要である．

同じ言葉を使いながら，その意味する内容は各人異なっている，という状況は珍しくはない．とくにアカデミックな分野では，この状況から抜け出すことが不可欠である．政策分野では，用語の一人歩きがもつ潜在的危険を意識し，説明責任の重要性を再認識する必要がある．

理論や先行研究の検討は，客観性を高め研究の位置づけをしながら，多くのコンセプションを集める過程でもある．それらはコンセプトを豊かにしていくことでもある．その中から，設定した「謎」をもっともよく説明できるものを取り出し，それを明示することが概念の明確化なのである．

(3) 問題設定の操作化（具体化）

何を何で説明するのかを明確にすることが問題設定であるとすれば，それをより具体的な複数の設問の形で表現するのが問題設定の操作化である．操作化のプロセスにおいては，何を説明することが目的であるかからはずれず，より具体的にそれをどのような点からどのように説明するかに留意する．連邦制を分権で説明する，という問題設定を操作化してみよう．

① なぜ連邦制をとったのか
② 連邦制ではどのような分権が行われているのか
③ 連邦制国家では分権が実現しているのか

①は，なぜ単一制を選択しなかったか，という比較の文脈のなかで連邦制の選択を分析する．これは，連邦制だけをすべてとするのではなく，政治制度のなかで連邦制をとらえることであり，前章で述べた比較の第2の考え方（部分と全体）である．中央政府と地方政府の関係に着目して政治制度を分類すれば，連邦制度と単一制度があり，国家はそのどちらかを選択しているからである．政治制度のなかで連邦制をとらえることで，連邦制を選択することの意味を，より強く問うことができる．

②では，まず分権の形態にはどのようなものがあるかモデル化し，どの型の

分権が連邦制を決定づけているのか分析する．分権モデルを構築することで，分権には複数の型があり，連邦制でしか見られない分権，単一制でも見られる分権があることが明確になる．連邦制か単一制かを分類する基準として分権モデルを用いるのである．

②においては，さらに連邦制のカテゴリーのなかで，実際の連邦国家において分権がどのように行われているかを明らかにする．方法としては各連邦国家の憲法を読み，連邦政府と州政府にどのように権限が分割されているかを各国ごとに調べる．共通のモノサシ（憲法における立法権の分割）を用い，各連邦国家を事例として，比較分析を行う．一定の法則を見つけようとする比較の第1の考え方である．

③は，連邦制＝分権，という言説への挑戦である．連邦制をとりながら中央集権的な国家はあるのか，あるとすればどのような面で中央集権なのか，なぜ中央集権となるのか，を検証する．

問題設定の操作化は，主要変数の概念化を行っていなければできない．概念を明確にすることで，具体的な問いが可能となるのである．問題意識から問題設定への過程は，具体的な現実や関心などを，より普遍的な形の「謎」としていく過程であり，抽象度が上がっていく．概念化の作業は，理論との対話でさらに抽象度の高いものと向き合うが，概念の明確化と問題設定の操作化により，抽象度を下げながら，検証が可能なように具体度を上げていく．分析枠組は，「謎解き」の方法を決めることであり，抽象から具体への橋渡しをするのである．この点については後述する．

(4) 仮 説

①なぜ連邦制をとったのか，②連邦制ではどのような分権が行われているのか，③連邦制国家では分権が実現しているのか，という問題設定の操作化（具体化）は，仮説と言えるのであろうか．

問題設定の操作化と仮説は同じではない．問題設定の操作化は，上記のように，疑問形の形で，問いだけを構築する．その問いへの回答を求めようとしていることはわかるが，回答は書かれない．一方仮説は，肯定形の形で，「仮」の回答を書く．この回答は推定される「仮」の回答であり，検証を行うことで，

仮説が立証されれば，真の回答となる．検証しても仮説が立証されない場合は，「仮」の答えは否定される．

上記の①，②，③を仮説の形にしてみよう．

①' 文化的亀裂（民族，言語，宗教など）の存在が，連邦制を採用させる．

②' 立法権の分割こそが，連邦制度であることを決定する．

②" 憲法における権限分割が，連邦国家の分権の初期値を決める．

③' 覇権型政党の優位が，政治行政の中央集権化を引き起こす．

①のなぜ連邦制をとったのか，に対する回答として，①'で示したのは文化的亀裂の存在，②の連邦制ではどのような分権が行われているのか，に対する回答として，②'で示したのは立法権の分割，②"では憲法における権限分割，③の連邦国家では分権が実現しているのか，に対しては，実現していない場合（中央集権化）があると前提し問いを構築し直し，その原因として③'では覇権型政党の優位をあげた．

仮説において重要なのは，Aという原因がBという結果を招く，という因果関係である．表現としては，AがBを導く，AがBを引き起こす，AがBを決める，AがBを喚起する，などさまざまあるが，どの動詞も因果関係を的確に表す動詞である．AとBの関係を考察する，というのは仮説ではない．どのような関係なのか，さらにどのような因果関係なのかを明示するのが仮説である．

(5) 検証方法とデータ

解くべき「謎」を具体的に表現することで，実際の検証が可能になる．検証にあたっては，どのような方法で検証を行うかが決まっていなければならない．検証方法は，どのようなデータを使って検証するかに密接に関連する．

検証方法には，現場観察（フィールド），意識調査（サーベイ，アンケートなど），インタビュー，聞き取り，計量分析，文献調査，内容分析（コンテンツアナリシス）など，さまざまな手法がある．比較の手法も有力な検証方法である．データとの関連で見れば，データ自体をつくりだす検証方法には，フィールド，サーベイ，アンケート，インタビューなどがあり，既存データを利用する方法には，計量分析，文献調査，コンテンツアナリシスなどがある．比較は両者に

通ずる手法である．前者であれ，後者であれ，検証にはデータが必要である．

　データに関して，少なくとも次の点に留意しておきたい．データの入手可能性 availability と信頼性 reliability である．最近はインターネットの普及で，時間と距離を超えてデータが手に入るようになった．データの入手可能性はいちだんと高まったのは確かである．しかしそれらのデータの信頼性はどうであろうか．ウェブサイトのデータは，発信側のデータであり，何をデータとするか，どのようなデータとするかを決めるのは発信者であり，発信者の恣意や意図が含まれている．もちろんこれはネット上だけの問題とは限らず，データにはその作成者の価値が入り込むことはある．ネットにおける問題には，容易に手に入るため，次々に情報を集めることに傾倒し，データの信頼性の確認がなおざりにされやすいこともある．入手するスピードが速いというメリットが，逆に確認作業をさせにくくしているのであろう．インターネットは，「相場感」をつかむのには適しており，その特性を理解した上で，情報を見きわめることが重要である．入手可能性と信頼性は必ずしも一致しないのである．

　データの信頼度とは，データの客観性である．作成者の価値や主観がまったく入らないということは現実にはあり得ないが，できる限り客観的につくられたかどうかである．あるいはどのようにしてそのデータがつくられたかを明示することで，客観性を上げることはできる．例えば前章で述べたように，統計など数値データは，数字がでているので客観的に見えるが，それを鵜呑みにせず，その数字はどのようにして出されたかを確認することが重要である．数字の出され方を把握しておかなければ，数字の一人歩きを容認することになる．

　データそのものをつくる場合は，とりわけ客観的になろうとする努力が必要である．サーベイもアンケートも質問の作り方でその答えは影響される．インタビューも訊き方で相手から引き出すものが違ってくる．既存データを使う場合は，データを見きわめる眼が必要である．

　データなくしては検証はできない．データが手に入らなければ，せっかくの問題設定も分析枠組も宙に浮いたままである．「謎」を設定し，「謎解き」の方法を明らかにしても，材料がなければ「謎」は解けないのである．このような場合，入手可能なデータが何であるかで問題設定をしなおすことになるが，単に入手可能かどうかだけでなく，信頼性の高いデータが入手できるかどうかに

留意しなければならない．信頼性に問題があるデータを使って行う検証は検証とは言えないからである．

　もう1つ留意しておくべきことは，データコレクター（収集家）にならないことである．データを収集することは検証のためには不可欠である．また信頼性の高いデータを入手することは研究の価値を高めることにつながる．このような前提があるなかで，データの収集が順調に進み始めると，関連データなどさらなるデータを集め始める．データ収集は結果が見えやすい作業であり，達成感を味わうこともできるため，データの収集作業に没頭してしまいやすい．データ収集は検証という目的のための手段であるはずが，データ収集そのものが目的化してしまうのである．気がつけば，膨大なデータが目の前にある．このような状態において陥りやすいのは，これらのデータの分類が次の目的となってしまうことである．分類をし，それぞれの特徴を叙述する．それで比較をした気になる．前章で説明したように，分類は比較の前奏ではあっても，比較分析そのものではない．謎解きのための材料集めのはずなのに，材料集めが主眼となり，謎解きが忘れ去られてしまえば，もはや比較政治学とは言えないのである．

第3節　「抽象の階段」の上り下り —— 問題設定と分析枠組

(1)　「抽象の階段」と研究の流れ

　リサーチデザインの要に，問題設定とともに分析枠組の構築を位置づけるのは，分析枠組が，理論（抽象度が高い）と現実（具体度が高い）をつなぐブリッジの役割をもっているからである．

　ここで「抽象の階段」を想定してみよう．この階段は，上方は抽象度が高く，下方は抽象度が低い．逆に言えば，下方は具体度が高く，上方は低い．また階段であるから，上方と下方は分断されているのではない．上下方向に自由に昇降ができる．研究の各段階を，「抽象の階段」に位置づけてみよう．

　図6-4は，研究の各作業をその抽象度に応じて位置づけながら，その流れを示したものである．第1節で述べた問題意識から問題設定へと向かう段階は，この図からわかるように，抽象度を上げていく作業である．図の左側に表記さ

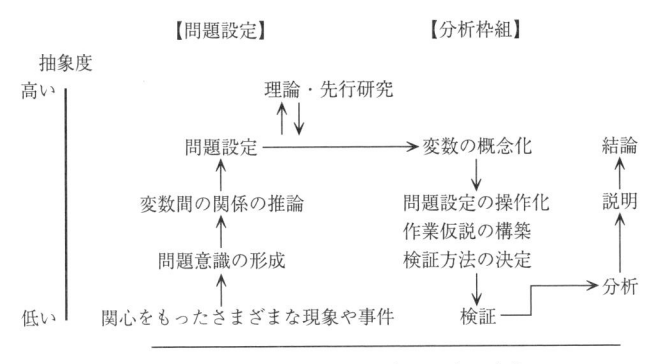

図 6-4 「抽象の階段」と研究の各作業

```
抽象度          【問題設定】              【分析枠組】
高い
                    理論・先行研究
                         ↑↓
              問題設定 ──────→ 変数の概念化 ────→ 結論
                  ↑                  ↓              ↑
          変数間の関係の推論     問題設定の操作化      説明
                  ↑            作業仮説の構築         ↑
              問題意識の形成     検証方法の決定        
                  ↑                  ↓        ┌─→ 分析
低い     関心をもったさまざまな現象や事件  検証 ──┘
         ─────────────────────────────────
              関心がもたれないさまざまな現象や事件
```

【問題設定】は，抽象の階段を上がる
【分析枠組】は，抽象の階段を下がる

図 6-4 「抽象の階段」と研究の各作業

れているのが問題設定までの段階である．問題設定に至れば，次に行うのは，概念化であり，理論と先行研究の検討，概念の明確化である．図では次の列に移る．その後，問題設定の操作化あるいは作業仮説の構築を行い，検証方法を決定する．これが分析枠組であり，抽象度が高い方から低い方へ，抽象の階段を下りながら連続的に橋渡しをする．検証はもっとも抽象度が低い，つまりもっとも具体度が高い現実の世界で行う．

検証で終わってしまってはいけない．検証結果の分析，説明，そして結論が必要である．図では右側に書かれてある作業である．検証はもっとも具体的作業であり，その結果の分析，説明により，抽象の階段を上がっていく．結論は，問題設定への回答，つまり「謎」への回答であり，抽象の階段では同じレベルに位置する．

このように研究の各段階は，抽象度が異なっているが，継続性をもっている．抽象の階段を上り下りしながら，問題意識から結論まで至るのである．

(2) 「考える」――「抽象の階段」を上り下りする原動力

研究とはものごとの本質に迫ろうとすることであり，「考える」ことが基本である．何を「考える」かは，何を「謎」とするかであり，「考える」ことは，

謎の設定であり，謎解きである．謎の設定と謎解きを「抽象の階段」に位置づけてみると，図6-4にあるように，「抽象の階段」を上がるのが問題意識から問題設定にいたる作業,「抽象の階段」を下がるのが，設定した問題をいかに分析するかの工程を示す分析枠組の構築作業である．階段を上り下りするためには,「考える」ことが不可欠である．

前章で述べたように，問題のたて方には，何(what)，なぜ(why)，どうすれば(how to)の3通りがある．whatに対しての行動は，調べる，であり，その回答を記述する．whyに対しては，考える，分析するという行動をとり，それを説明する．how toに対しては，処方するという行動をとり，その内容を記述する．これらは「抽象の階段」ではどのように位置するのであろうか．

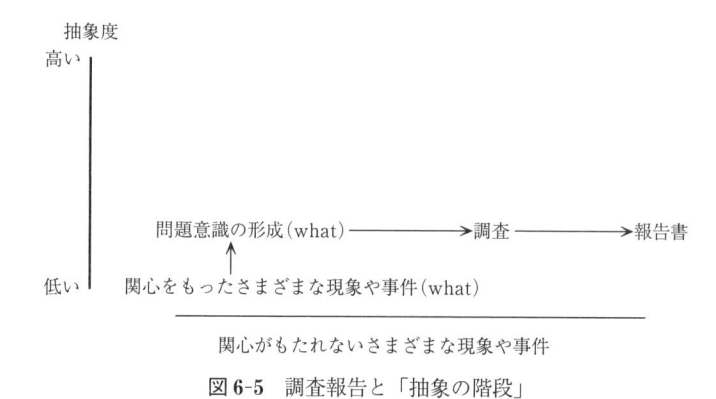

抽象度
高い

問題意識の形成(what) ──────→ 調査 ──────→ 報告書

低い 関心をもったさまざまな現象や事件(what)

関心がもたれないさまざまな現象や事件

図6-5 調査報告と「抽象の階段」

「考える」ことは「抽象の階段」を上り下りする原動力である．「調べる」ことは，実際の現場で行われるか，既存の蓄積のなかから探すといった具体的作業であり，階段の低い位置での作業となる．「調べる」ことを目的とし，その結果をまとめただけの報告は，図6-5に示したように，抽象度が低いレベル(現実に近いレベル)にとどまる．

「調べる」ことが目的であれば,「調べる」ことは,「考える」ことと次元の異なる作業である．しかし,「調べる」ことは「考える」ための材料を集める，つまり「考える」という目的(謎の設定，謎の解明)のための手段とするならば，階段を上り下りする力を支えることになる．

次に,「調べる」という作業の契機となる問題意識の形成のされ方に着目し，

階段を上り下りできるか否か,すなわち「調べる」ことと「考える」ことの断絶あるいは連続を見てみよう.

　図6-4および図6-5からわかるように,「抽象の階段」の最初の段は,さまざまな現象や事件のうち,気にかかるものが出てくる状態である.それを話題にしたり批評したりする.日常生活ではこの段階どまりである.しかしこの段階において,関心がもたれることを目的とする活動がある.例えば消費分野では商品名,経済分野ではブランド名や企業イメージなどである.政治分野でも政治家は自分の名前がいいイメージのもとで知られたいと思っている.関心がなかった人々に関心をもたせる契機となるのは,メディアであることが多い.人々の日常的な生活のなかに深く入り込んでいるメディアが媒介となり,そのコンテンツに刺激され,関心をもつようになる.関心をもつことと,関心をもたされることとの区別はされない.他者から関心をもたされた事項を自分の関心事とし,いつの間にか自分が関心をもったと錯覚することは多い.このような無自覚の関心化は,「考える」こととは無縁である.他からの刺激にたんに反応しているだけである.大衆の熱に浮かされたような行動,移り気な消費行動などに見られる.

　他者から関心をもたされた事項が,自分の関心事となることが悪いのではない.無自覚の関心化が危険なのである.発端は他からの刺激であっても,自分で納得し自覚的に関心事になる場合,意識化するプロセスが伴う.この意識するという積極的行為においては,「考える」ことを余儀なくされ,「抽象の階段」を一段上ることになる.問題関心が自分自身のアンテナで直接受信されたものか,このような意識化により受信可能となったものでなければ,問題意識は形成されても,その段階以上は進めない.抽象のレベルを上げながら「考える」作業に耐えることはできないのである.

　問題関心は,それがもたされたものなのか,与えられたものなのか,自発的なものなのかを識別する必要はない.しかし問題意識は,さまざまな問題関心のなかからとりわけ関心の強いものにより形成される.このため,その強さが自覚的なのか無自覚なのかを自問する,つまり「抽象の階段」をまず一段上がる必要がある.この段階で,問題意識が形成される.何を知らないのか,何を調べるかがわかる.そこで満足してしまったら,たんなる調査報告で終わる.

問題意識からさらになぜなのかをつきつめながら形成されていくのが問題設定である．与えられた問題意識では，この作業はできない．図 6-4 で示したように，問題設定の抽象のレベルは，問題意識の抽象のレベルよりもはるかに高い．「抽象の階段」を上る原動力は「考える」ことである．問題意識が自覚的に形成されていなければ，「考える」ことができず，問題設定まで至らない．

(3) 改革の 3 要素 ──【理念・ビジョン】【戦略】【戦術】

　問題設定と分析枠組，「抽象の階段」などを説明してきたが，これらを参考にしながらここで少し，政治や政策の改革のあり方を論じてみたい．

　日本のみならず，諸外国においても，財政再建，行政改革，分権改革，教育改革，年金改革，医療制度改革など，さまざまな分野において改革が行われている．改革とは，行き詰まった制度や政策を変えることであるとすれば，何がどのように行き詰まっているのか(what)を調べ，なぜ改革が必要なのか(why)を説明し，どのように改革するか(how to)を決めなければならない．what, why, how to という問題の 3 つのたて方は，ここでも有効である．これらを，「抽象の階段」のなかに位置づけると，図 6-6 のように表すことができる．しかし現実には，改革論議において中心となるのは，どのように変えるかという how to 面であり，それを補強する形で，何が問題なのかという what 面がでる．なぜ改革が必要なのかという why は，what と how to の支柱であるはずであるが，これが顕在化することは，とりわけ日本では少ない．

　図 6-6 からわかるように，なぜ改革が必要なのかという why 面は，what や how to よりも抽象度は高い．「抽象の階段」を上がる力が「考える」ことであるとすれば，why 面が弱いのは，つきつめて考えようとする姿勢が弱いことでもある．何が問題なのかを認識し，それをどう変えればいいのかの処方をする，つまり図 6-6 の③となれば，抽象のレベルは低いままの現実論だけに終始することになる．

　問題解決の処方箋を書くための情報を得ることを目的に，諸外国の制度や政策を調べ，それらのなかから「使えそう」なものを取り出し，日本流にアレンジする．明治以来とってきた手法である．この手法自体が悪いのではない．むしろ比較政治学が現実の制度や政策に貢献できる重要な場である．しかしこの

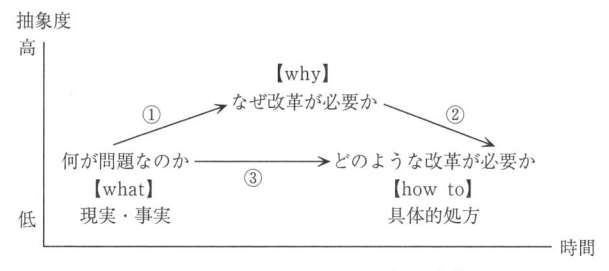

```
抽象度
 高
          【why】
       ①  なぜ改革が必要か  ②
     何が問題なのか ──────→ どのような改革が必要か
       【what】    ③      【how to】
       現実・事実          具体的処方
 低
                                    時間
```

図 6-6　問題の 3 つのたて方と改革

手法が真に活かされるには，図 6-6 の③のように，低レベルに終始していてはいけないのである．

　諸外国の事例は，調査 (fact-finding) だけでなく，なぜそのような制度や政策をとっているのか，という背景あるいは土壌 (経済状況，政治文化，社会の価値観，国民性など) の分析が不可欠である (図 6-6 の①)．と同時に，日本においてなぜ改革が必要なのかを，個別具体論ではなく，包括的に説明できなければならない (図 6-6 の①)．すなわち諸外国それぞれの事例についての①と，日本の①があり，「抽象の階段」の上段に上ってこそ，「使えそう」なものが取り出せるのである．それらを日本流にアレンジする工程が②であり，その結果として処方箋が書かれるのである．「抽象の階段」の上り下りが不可欠なのである．それをせず抽象のレベルが低いままの状態で，諸外国の事例を引くのは，前章で戒めた「都合のよい比較」に陥る．

　図 6-7 は，図 6-6 で示した 3 つの問題のたて方を，改革の諸要素の形に示したものである．何が問題なのかという what 面は，現政策の問題点が露呈し，改革の必要が認識されることであり，なぜ改革が必要なのかという why 面は，どのような姿を目指すのかというビジョン，さらには国家のあり方を示すことである．目指すべき姿が決まれば，それをどのように実現させるかの戦略が必要であり，その戦略を実施するのが戦術である．【理念・ビジョン】【戦略】【戦術】が改革の 3 要素である．図 6-7 で示したように，それぞれの抽象のレベルは異なっている．異なっていることは，「抽象の階段」を上り下りする必要があるということである．この上り下りの過程で，改革の本質と内容の精査ができるのである．

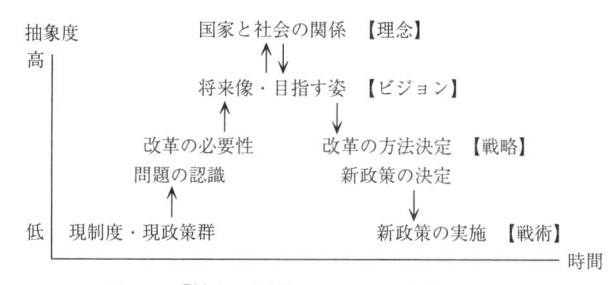

図 6-7 「抽象の階段」における改革の 3 要素

　実際の改革案(戦術)がなければ改革にはならないが，それだけでは改革とは言えない．戦略なき戦術は，志なき対症療法であり，改革ではなく改悪をもたらす．理念なき改革は，改革の影響を受ける国民との接点を軽視し，新しい社会や国家を国民と価値を共有しながらつくろうという姿勢をもたないことの表れである．改革には【理念・ビジョン】【戦略】【戦術】の 3 要素が不可欠であり，それぞれにおいて，丁寧に説明することを怠ってはならないのである．

　図 6-6 では，③が戦略なき戦術，理念なき改革を示している．抽象のレベルが低いままの対応は，対症療法にしかすぎない．改革とは根治療法，つまり体質改善であり，そのためには，①や②の過程がなくてはならない．①の過程は，問題の洗い出し→問題の分類(現行制度で対応可能か制度改正が必要か)→問題の分析(なぜそのような問題がでてきたか)→問題解決の全体像(その制度改正をすることで目指す国家像や国民生活はどのようなものか)，といったように，抽象のレベルが高まっていく．とともに，1 つの改革をすべてと見るのでなく，それを全体のなかに位置づけ部分化することで包括性が高まっていく．どのような将来像を描きながら制度や政策を変えようとするのか(演繹)，制度や政策をかえることでどのような将来像が描けるか(帰納)，演繹と帰納の対話を繰り返しながら，理念の明確化をはかりビジョンを決めていく．第 1 節で説明した問題意識から問題設定までの工程と同じであり，「抽象の階段」を上がっていくのである．

　②は，【理念・ビジョン】をいかに実現するかの工程である．「抽象の階段」を下りるのであり，第 2 節で説明した分析枠組に相当する．【理念・ビジョン】と実際の戦術の間には，それを橋渡しする戦略が必要なのである．総論賛成・

各論反対となることは多々あるが，これで改革が頓挫するか前進するかは，総論(理念・ビジョン)と各論(戦術)の間をつなぐ戦略と熱意があるか否かにかかっているのである．

(4) 3要素を明確にもつ改革の事例 ── カナダの財政再建

以上，「抽象の階段」を用いながら，改革にも，問題設定と分析枠組構築に相当する工程が重要であり，これが改革の3要素【理念・ビジョン】【戦略】【戦術】となることを説明したが，実際にこの3要素を明確にもった改革の例として，カナダ自由党政権の財政再建を見てみよう．

現在，カナダは先進諸国で唯一，財政黒字の国である．しかし1990年代初頭までは，イタリアと並び，先進諸国で最悪の財政赤字と累積債務であった．連邦消費税(GST, 7%)を創設し増税に踏み切ったが，財政状態は改善せず焼け石に水であった．1993年連邦総選挙で9年ぶりに政権復帰を果たした自由党は，保守党が残した財政赤字420億ドル(GDP比5.9%)に対して，公約どおり財政再建に取り組み，1997年度には赤字を解消し黒字財政に転じた．財政赤字が解消したのは，28年ぶりであり，予想以上の早さで財政再建に成功した．1998年度以降も現在まで7年間連続で黒字財政になっており，財政収支の改善が一過性のものでなく，赤字に陥りがちな政府財政の体質自体を改善したことの証左となっている．現在は，黒字の扱いをめぐって，州への財政移転の拡大か，減税か，債務償還かが争点となるという恵まれた状況にある．

前政権である保守党政府も財政状況の悪化は認識していた．ゆえに連邦消費税を導入したのであるが，赤字克服には到底およばなかった．自由党政権と保守党政権の改革の相違を，前出の図6-6を使って説明してみよう．保守党政権の改革は③である．財政状況の悪さを問題として認識し，それを改善しなければならないと改革に取り組むのであるが，対症療法的対応に終始したのである．理念なき改革，戦略なき戦術である．他方，自由党政権の改革は，①，②である．なぜ財政再建が必要なのかを，抽象のレベルが高く普遍的な国家ビジョン(「強い経済と安心できる社会」の実現)として明確に呈示した．21世紀のカナダ像・めざすべき国家像を示した上で，財政再建ができなければ将来の世代の可能性を狭めること，アメリカとは異なりカナダのアイデンティティとも言え

る手厚い社会安全網(セーフティネット)は維持できなくなること,国債の格付けのさらなる低下はカントリーリスクとなり経済に跳ね返ることなどを丁寧に説明し,国民が危機感を共有し,改革を進めることへの理解を求めたのである.

　財政収支の改善(赤字克服)のためには,歳入を増やす(増税)方法と歳出を削減する方法がある.政治的リスクとしては,一見,増税の方が高そうであるが,歳出削減もリスクは大きい.なぜなら削減に対しての政治家・官僚や利益集団の徹底抗戦は,政権にとってそれが身近で展開されるだけに強い抵抗圧力であるからである.それよりも国民からの反発は結集しにくく弱いと判断すれば,取りやすいところから取る増税の方が容易になる.増税は,政府歳出の無駄や浪費を徹底検証し削減しきった後でなければ,国民の理解は得られないという認識が薄かった保守党政権は,増税を行って,1993年選挙で惨敗した.

　これに対し自由党政権は,増税なき財政再建,すなわち歳出削減を財政再建の方法とした.戦略は,6つの基準(公共の利益,政府の役割,地方分権,非政府アクターとの協力,財政力 affordability,効率)により全政策の見直しを行いながらの徹底削減である.政府の役割という基準は,政府以外のアクター(企業,団体,NPO,ボランティア,市民など)を公共サービス提供のパートナーと認識しながら,政府でしかできないことを見極めることになり,本質的な行政改革となった.このような手法での歳出の見直しは,政府の歳出構造の根本にメスを入れることであり,帳尻合わせの一過性の財政健全化でなく,体質そのものを改善するものであった.

　カナダの財政再建は,「小さな政府」よりも「アフォーダブルな政府」を目指しながら行われたところに特徴がある.英国やアメリカ,ニュージーランドなどアングロサクソン系の諸国は,「小さな政府」を改革の是とし,市場競争原理を信奉する民営化路線をとる.カナダも歳出削減を徹底し政府歳出を縮小させたので,「小さな政府」になった.しかし「小さな政府」論にありがちな公共領域の縮小は是としない.それゆえに,政府以外のパートナーとの連携の必要を強く訴え,財政再建は,行政改革,地方分権,協働,市民社会強化を伴ったのである.

　なぜ自由党政権は改革に成功したのか.なぜ保守党政権は改革ができなかったのか.改革の3要素のうち,前者には【理念・ビジョン】があり,後者にはな

かったのが最大の要因である．【理念・ビジョン】がなければ，改革の目的や方向や着地点がわからない．これでは，国民に丁寧にわかりやすく説明することもできず，改革の必要性を広く共有することもできない．

　自由党政権の改革へのスタンスは，"make feasible what is desirable" と明確に示されていた．desirability（あるべき姿）と feasibility（実現可能性）では，前者が基本であり，それを実現させるのが政府（内閣・官僚制）の責務であるとしているのである．"make desirable what is feasible" として，抵抗が多い改革は先送りし，できそうなことだけを手直しするだけで，それを望ましい姿とするのは，改革とは言えない．

　【理念・ビジョン】があり，それを実現させるための【戦略】があり，実行する【戦術】がある．それぞれの局面における主体も明確である．政権（首相と内閣）が【理念・ビジョン】を決め，それを受け，セントラル・エージェンシーと呼ばれる中枢行政組織が【戦略】を決める．ライン・デパートメントと呼ばれる現業官庁が【戦術】を実行する．

　このように，「抽象の階段」の上り下りを確認しながら，改革の背景に着目することは，改革の本質を理解することでもあるのである．

(5)　「抽象の階段」と「知的螺旋階段」

　抽象度が高いとは，普遍性が高いこと，一般性が強いことでもある．逆に，抽象度が低いと，具体的となるだけに，個別性が強くなる．個別な具体的な事象に目を奪われ続ければ，それだけがすべてとなり，それ以外が見えなくなる．それが特殊なのか一般性があるのかは，距離をおき，客観的な視座をもたなければわからない．大局にたつということである．距離をおいて対象を見る，あるいはより広い構図をもちそのなかに対象を位置づける，という努力を意識的にしなければ，独断と偏見の域からでない．前章で説明した比較の考え方のなかで，相対化（部分と全体）は，「抽象の階段」を上ることなのである．比較は，必ずしも複数の事例を対象としてそれらを相互に比較しなければならないのではない．1つの事例を分析の対象としても比較政治学でありうるのは，より大きな地図をもちそのなかにその事例を位置づけるという全体のなかの部分化の作業があってのことである．その作業なく，地域や国など1つの事例を扱うの

は，地域研究・外国研究であり，比較政治学とは言えない．

　「抽象の階段」を上り下りする力は「考える」ことである．この考える力は，想像力，創造力，論理力，分析力などを包含する．対象と距離をおくという客観化の試みは，これらの力を動員することであり，「抽象の階段」を上ることである．

　「抽象の階段」の抽象のレベルは，主観と客観でも表すことができる．問題意識をもつのは，主観の行為である．自分の感性のアンテナにひっかかるからである．個人的感性の問題意識を脱個人化し，いかに客観化するか，この客観化の作業が，「抽象の階段」を上りながら問題設定に至る過程である．強い関心をもち愛着があるテーマであればあるほど，この客観化の作業は手ごわい．しかし問題設定に至りたいという思いが強ければ，忍耐が後押しをしてくれるという心強い面もある．客観化の作業をすることは，自分だけでなく他の人と共有できる共通の土俵をつくることである．つまり「抽象の階段」を上っていくことで，個人の関心は，普遍性が高いテーマに転換するのである．

　「抽象の階段」を上りながら，問題意識から問題設定に至ることができれば，次は，抽象度の高い問題設定と問題意識が生じた現実の世界を結びつける架け橋が必要となる．分析枠組の構築である．これにより「抽象の階段」を下りていき，現場での秩序ある検証が可能となる．しかし現実には，「抽象の階段」の上り下りは，このようにスムーズにはいかない．分析枠組を構築する過程において，あるいは実際に検証を始めた段階で，問題の設定の仕方に問題があることに気づくことは多い．その場合は，問題設定をやり直すしかない．しかしこれを後戻りと思ってはいけない．そこに至るまでの「考える」という作業により，知的レベルは確実に上がっているのである．「抽象の階段」を再度上りなおさなければならないが，この上り下りは，帰納と演繹の対話であり，論理の連鎖として知的螺旋階段を上がり続けているのである．

　努力には無駄なものは何一つない．直接結果に結びつかなくとも，自分の可能性を拓く持ち札となる．まず「抽象の階段」を上る努力をしなければ，目先の現象にとらわれ続け，翻弄され漂流するだけである．スポーツ選手の華やかさは，地味な練習があってのものであり，美術品の美しさは，気の遠くなるような手作業があってのものである．志をもち努力精進することは，自分の能力

や技術を高めることであり，かけた時間とその密度が成果を決める．

　「抽象の階段」の上り下りをするのは，何かを学ぶことと同時に，学び方も学んでいるのである．上れるかどうか，「抽象の階段」の上り下りを知的螺旋階段の上りにできるかどうかは，その方法を学び，そして何よりもまず上る努力をすることにかかっている．宝石は磨かなければ原石のままである．磨き方を知らなければ磨けない．しかし磨き方を知っただけで宝石にはならない．実際に磨かなければ宝石にならないのである．

参考文献

アリストテレス『政治学』(岩波文庫)
ウェーバー『職業としての政治』『職業としての学問』『社会学の根本概念』『社会科学と社会政策にかかわる認識の「客観性」』(岩波文庫)
カント『永遠平和のために』(岩波文庫)
シエイエス『第三階級とは何か』(岩波文庫)
スミス『国富論』『道徳感情論』(岩波文庫)
デカルト『方法序説』(岩波文庫)
デュルケム『社会学的方法の規準』(岩波文庫)
トクヴィル『アメリカの民主政治』(講談社学術文庫)
バーク『フランス革命についての省察』(岩波文庫)
ヒューム『市民の国について』(岩波文庫)
プラトン『国家』(岩波文庫)
ホッブズ『リヴァイアサン』(岩波文庫)
マキアヴェッリ『君主論』(岩波文庫)
マディソン,ハミルトン,ジェイ『ザ・フェデラリスト』(岩波文庫,福村出版)
ミル『代議制統治論』『自由論』(岩波文庫)
モンテスキュー『法の精神』(岩波文庫)
ルソー『社会契約論』(岩波文庫)
ロック『市民政府論』(岩波文庫)

あとがき

　本書は，筑波大学国際総合学類(旧国際関係学類)における「比較政治学」の講義をもとに書かれたものである．

　「比較政治」というタイトルがついている本には，各国の政治制度について記述したもの，財政・金融，教育，医療，年金といった個別分野の制度や政策を扱ったもの，政治理論やモデルを紹介したものが多い．しかし1人で書いているのではなく，数人で書いている場合は全体の構図もつかめず，比較になっていないものも多い．「比較」とついたものを読むたびに，何か違う，と感じてきた．

　比較政治学とは何か．比較政治学ならではの特徴とは何か．なぜ「比較」なのか．「比較」とは何なのか．学生には，知識を学ぶだけでなく，学び方も学んでほしい，そしてそれを自分の身につけて卒業してほしい．「比較」は，学び方としても，学んだことが消化できたかを確認するための実践としても最適である．しかし方法論を踏んでいなければ，「比較」は都合よく行われ，独断と偏見を強化する武器にもなる．

　講義には3つの柱をたてた．政治学の基礎知識を得る，方法論を学ぶ，実際に比較分析をする，の3つである．この3つは連関している．基礎知識がなければ意味のない問題設定がされるし，方法論がなければ基礎知識は断片のままである．基礎知識と方法論を学んでも，実際に自分で比較分析を行わなければ，わかった気になっているだけかもしれない．学生は，自分の問題意識に沿って政治に関するものであれば自由にテーマを設定し，方法論を踏んだ比較分析のレポートを書く．レポートというより論文である．実際に自分で書く過程において，「抽象の階段」を上る能力を身につける．政治をテーマに「比較」という方法を通した学び方を学び，それを1つの作品に仕上げることで「考える力」が鍛えられるのである．

　このような比較政治学の授業を10年以上行っている．社会に出た卒業生たちから，仕事をする上でも「比較政治学」の授業を通して得たものが役だっており，ノートを探して読み返すことがあると言われ，また在学生たちからは教

科書がほしいと言われ続けており，ついに本書を執筆することにした．

「比較」と名の付いたこれまでの本とはまったく異なる内容であるにもかかわらず，それを評価し快く出版して下さった岩波書店の佐藤司氏に感謝したい．

人と違うことをすることを恐れない．自分が決めたことには責任と誇りをもつ．のびのびと育てながらこれを教えてくれた両親に，本書を捧げたい．

2005年9月

岩崎美紀子

岩崎美紀子

津田塾大学国際関係学科卒業．ボルドー大学大学院修了（歴史学修士）．モントリオール大学大学院修了（政治学博士）．
現在，筑波大学人文社会系教授．
専攻―比較政治学
著書―『カナダ連邦制の政治分析』御茶の水書房，1985 年
　　　『カナダ現代政治』東京大学出版会，1991 年（カナダ首相出版賞）
　　　Varieties of Regional Integration, (ed.), LIT, 1995
　　　『分権と連邦制』ぎょうせい，1998 年
　　　『市町村の規模と能力』編著，ぎょうせい，2000 年
　　　『行政改革と財政再建』御茶の水書房，2002 年（カナダ首相出版賞審査員特別賞）
　　　『「知」の方法論』岩波書店，2008 年
　　　『二院制議会の比較政治学』岩波書店，2013 年

比較政治学　　　　　　　岩波テキストブックス
　　　　　2005 年 10 月 5 日　第 1 刷発行
　　　　　2017 年 12 月 5 日　第 5 刷発行

　著　者　岩崎美紀子
　　　　　いわさきみきこ

　発行者　岡　本　厚

　発行所　株式会社　岩波書店
　　　　　〒101-8002　東京都千代田区一ツ橋 2-5-5
　　　　　電話案内　03-5210-4000
　　　　　http://www.iwanami.co.jp/

　　　印刷・三陽社　カバー・半七印刷　製本・中永製本

　　　　　Ⓒ Mikiko Iwasaki 2005
　　　　　ISBN 4-00-028039-2　　Printed in Japan

──《岩波テキストブックス(政治)》──

＊A5判・並製・カバー

近代日本政治史	坂野潤治	本体 2500 円 / 228 頁
日本政治論	五十嵐暁郎	本体 2800 円 / 254 頁
現代ヨーロッパ国際政治	植田隆子編	本体 2500 円 / 236 頁
国際平和論	福富満久	本体 2400 円 / 186 頁

定価は表示価格に消費税が加算されます(2017 年 10 月現在)